**NEW YORK POST**

# Medium-Well
# Su Doku

**NEW YORK POST**

# Medium-Well
# Su Doku

*150 Difficult Puzzles*

*Compiled by sudokusolver.com*

*wm*

William Morrow
*An Imprint of HarperCollinsPublishers*

New York Post © 2012 by NYP Holdings dba New York Post

NEW YORK POST MEDIUM-WELL SU DOKU © 2012 by HarperCollins Publishers.
All rights reserved. Printed in the United States of America. No part of
this book may be used or reproduced in any manner whatsoever without
written permission except in the case of brief quotations embodied in
critical articles and reviews. For information, address HarperCollins
Publishers, 10 East 53rd Street, New York, NY 10022.

HarperCollins books may be purchased for educational, business, or
sales promotional use. For information please write: Special Markets
Department, HarperCollins Publishers, 10 East 53rd Street, New York,
NY 10022.

ISBN 978-0-06-218415-3

12 13 14 15 16   RRD   10 9 8 7 6 5 4 3 2 1

All puzzles supplied by Lydia Ade and Noah Hearle of sudokusolver.com

Book design by Susie Bell

# Contents

# Introduction

Su Doku is a highly addictive puzzle that is always solvable using logic. It has a single rule – complete each Su Doku puzzle by entering the numbers 1 to 9 once in each row, column and 3×3 block.

Many Su Doku puzzles can be solved by using just one solving technique. In the Difficult rated Su Doku puzzle in Fig. 1, look to see where the 1 can be placed in the top right block (highlighted). All squares except one are eliminated by the 1s in the first and third rows, leaving only one possible square in which the 1 can be placed.

Fig. 1

| | | | | | | | | |
|---|---|---|---|---|---|---|---|---|
| | | 9 | | | 1 | | | 5 |
| | | | | 7 | | | 9 | 3 |
| 1 | | 5 | 6 | 4 | | | | |
| | 9 | | | | | | | 4 |
| | 4 | | | 1 | | | 2 | |
| 8 | | | | | | | 6 | |
| | | | | 9 | 4 | 8 | | 2 |
| 9 | 7 | | | 5 | | | | |
| 2 | | | 8 | | | 3 | | |

You can apply the same technique to place a number in a row or column.

In this puzzle, you will need a slightly harder technique that requires pencil marks. Pencil marks are small numbers, usually written at the top of each unsolved square, listing all the possible values for that square. In the bottom center block, mark in all the pencil marks for this block (Fig. 2). One square contains only the 6 pencil mark and can now be solved.

Fig. 2

| | | | | | | | | |
|---|---|---|---|---|---|---|---|---|
| | | 9 | | | 1 | | | 5 |
| | | | | 7 | | | 9 | 3 |
| 1 | | 5 | 6 | 4 | | | | |
| | 9 | | | | | | | 4 |
| | 4 | | | 1 | | | 2 | |
| 8 | | | | | | | 6 | |
| | | | 137 (pencil marks) | 9 | 4 | 8 | | 2 |
| 9 | 7 | | 123 (pencil marks) | 5 | 236 (pencil marks) | | | |
| 2 | | | 8 | (6) (pencil mark) | 67 (pencil marks) | 3 | | |

Remember, every Su Doku puzzle has one unique solution, which can always be found by logic, not guesswork.

You can find details on more complex solving techniques and generate Su Doku puzzles at sudokusolver.com.

# Puzzles

**1**

| | | | | | | | | |
|---|---|---|---|---|---|---|---|---|
| 8 | 4 | | 5 | | | | | |
| 2 | | | 7 | | 3 | | 1 | |
| | | 3 | | 6 | | 8 | | |
| 9 | 7 | | 3 | | | | 2 | |
| | | 5 | | | | 9 | | |
| | 3 | | | | 5 | | 7 | 8 |
| | | 2 | | 3 | | 1 | | |
| | 8 | | 2 | | 1 | | | 6 |
| | | | | | 7 | | 5 | 4 |

Medium-Well

**2**

| | | | | | | | | |
|---|---|---|---|---|---|---|---|---|
| 1 | | | | | | 5 | | |
| | 7 | | 8 | 3 | 1 | | | |
| | 6 | 9 | | | | | | |
| | | | | 5 | 6 | | 8 | 1 |
| | 1 | 6 | | | | 3 | 4 | |
| 8 | 9 | | 4 | 1 | | | | |
| | | | | | | 7 | 6 | |
| | | | 9 | 8 | 3 | | 1 | |
| | | 2 | | | | | | 3 |

3

| | | | | | | | | |
|---|---|---|---|---|---|---|---|---|
| | | | 5 | | 6 | | 7 | 4 |
| 4 | 1 | | 9 | | | 8 | | |
| | | 8 | | | 3 | | 9 | |
| 1 | | 4 | | | | | | |
| 5 | | | 2 | | 1 | | | 8 |
| | | | | | | 2 | | 6 |
| | 4 | | 3 | | | 7 | | |
| | | 1 | | | 5 | | 2 | 9 |
| 6 | 9 | | 1 | | 2 | | | |

| 7 |   |   |   | 6 | 4 |   |   | 9 |
|---|---|---|---|---|---|---|---|---|
|   |   | 1 |   |   |   | 5 |   |   |
|   | 6 | 9 |   |   |   | 7 | 2 |   |
| 2 |   |   | 3 |   | 6 |   |   |   |
| 9 |   |   |   | 7 |   |   |   | 1 |
|   |   |   | 8 |   | 9 |   |   | 2 |
|   | 4 | 7 |   |   |   | 2 | 5 |   |
|   |   | 5 |   |   |   | 9 |   |   |
| 1 |   |   | 7 | 3 |   |   |   | 8 |

| 2 |   |   |   | 5 |   |   |   | 8 |
|---|---|---|---|---|---|---|---|---|
|   |   | 9 | 3 |   |   |   |   |   |
|   |   | 1 | 2 | 7 |   | 4 | 9 |   |
|   |   |   |   |   |   | 3 | 8 |   |
| 1 |   | 8 |   |   |   | 5 |   | 6 |
|   | 4 | 3 |   |   |   |   |   |   |
|   | 1 | 5 |   | 8 | 6 | 2 |   |   |
|   |   |   |   |   | 3 | 1 |   |   |
| 6 |   |   |   | 1 |   |   |   | 5 |

Medium-Well

**6**

| | | | | | | | | |
|---|---|---|---|---|---|---|---|---|
| 6 | 7 | | 3 | | | | 4 | |
| 2 | 4 | | | 1 | | | 7 | 9 |
| | | | | | | 2 | | |
| 8 | | | 5 | | 1 | | | |
| | 6 | | | | | | 1 | |
| | | | 8 | | 6 | | | 5 |
| | | 7 | | | | | | |
| 9 | 5 | | | 7 | | | 8 | 2 |
| | 3 | | | | 9 | | 6 | 4 |

**7**

| | | | | | | | | |
|---|---|---|---|---|---|---|---|---|
| | | | | | 8 | 7 | | |
| | | 1 | 5 | 6 | | | | |
| 7 | | 6 | | | | 9 | 2 | |
| 3 | | | | 5 | | | 9 | |
| | 1 | | 8 | | 4 | | 3 | |
| | 6 | | | 2 | | | | 4 |
| | 5 | 7 | | | | 3 | | 2 |
| | | | | 4 | 5 | 8 | | |
| | | 8 | 1 | | | | | |

Medium-Well

| | | 9 | | 2 | 3 | | 8 | |
|---|---|---|---|---|---|---|---|---|
| 4 | | | | | | 2 | | |
| | 3 | 2 | | | | 9 | | 6 |
| 7 | | | | 9 | | | | |
| 2 | | | 6 | | 5 | | | 1 |
| | | | | 1 | | | | 7 |
| 9 | | 8 | | | | 1 | 2 | |
| | | 3 | | | | | | 8 |
| | 7 | | 5 | 8 | | 4 | | |

**9**

| | | | | | | | | |
|---|---|---|---|---|---|---|---|---|
| 5 | | | 9 | | | 1 | | 7 |
| | 9 | | 2 | 1 | | | 8 | |
| 8 | | | | 5 | | | | |
| | | | | | | | 9 | 4 |
| | 4 | 9 | | 6 | | 8 | 1 | |
| 2 | 3 | | | | | | | |
| | | | | 7 | | | | 1 |
| | 2 | | | 9 | 3 | | 7 | |
| 9 | | 8 | | | 1 | | | 3 |

Medium-Well

| 5 |   | 7 | 6 |   |   |   |   |   |
|---|---|---|---|---|---|---|---|---|
| 9 | 1 | 6 |   |   |   |   | 7 |   |
| 2 |   |   | 5 |   |   |   | 6 |   |
|   |   | 3 | 9 | 4 |   |   |   |   |
| 8 |   |   |   |   |   |   |   | 4 |
|   |   |   |   | 3 | 1 | 8 |   |   |
|   | 8 |   |   |   | 4 |   |   | 7 |
|   | 6 |   |   |   |   | 4 | 8 | 9 |
|   |   |   |   |   | 7 | 1 |   | 5 |

**11**

| | | | | | | | | |
|---|---|---|---|---|---|---|---|---|
| 4 | | 3 | | 1 | | 8 | | 5 |
| | | | 5 | | 9 | | | |
| 7 | | 9 | | | | 4 | | 2 |
| | 4 | | 3 | | 5 | | 8 | |
| | | | | | | | | |
| | 1 | | 8 | | 4 | | 7 | |
| 2 | | 4 | | | | 1 | | 8 |
| | | | 4 | | 2 | | | |
| 9 | | 5 | | 8 | | 2 | | 7 |

Medium-Well

| | | | | | | | | |
|---|---|---|---|---|---|---|---|---|
| | 2 | | 7 | | | | 1 | |
| 7 | | | 5 | 6 | | | | 4 |
| | | 6 | | | | 5 | | |
| | | | 4 | | 1 | | 2 | 5 |
| | 4 | | | 2 | | | 3 | |
| 8 | 5 | | 6 | | 3 | | | |
| | | 3 | | | | 1 | | |
| 5 | | | | 1 | 7 | | | 3 |
| | 1 | | | | 9 | | 6 | |

| | | | | | | | | |
|---|---|---|---|---|---|---|---|---|
| 8 | | 2 | 1 | 5 | | | | |
| 1 | | 6 | 8 | | | | | |
| 7 | | | | | | | 2 | |
| | | | | | 8 | | | 6 |
| | 5 | | 4 | | 1 | | 7 | |
| 3 | | | 7 | | | | | |
| | 2 | | | | | | | 5 |
| | | | | | 9 | 1 | | 2 |
| | | | | 7 | 2 | 6 | | 3 |

# 14

| | | | | | | | | |
|---|---|---|---|---|---|---|---|---|
| | 5 | | | 7 | | 4 | | |
| | | | | 8 | | 3 | 7 | |
| 7 | 2 | | | | 1 | | | |
| 3 | | | | | | | | |
| | 7 | 4 | 5 | 1 | 6 | 2 | 3 | |
| | | | | | | | | 5 |
| | | | 2 | | | | 6 | 1 |
| | 3 | 8 | | 6 | | | | |
| | | 6 | | 4 | | | 2 | |

**15**

| | | | | | | | | |
|---|---|---|---|---|---|---|---|---|
| 9 | | | | 3 | 5 | | | 4 |
| | | 8 | | 9 | | 2 | | |
| | 3 | | | | 6 | | 9 | |
| 6 | | 2 | 5 | | 7 | | | |
| 1 | 8 | | | 2 | | | 7 | 6 |
| | | | 3 | | 8 | 4 | | 2 |
| | 7 | | 8 | | | | 6 | |
| | | 6 | | 5 | | 8 | | |
| 8 | | | 6 | 7 | | | | 5 |

Medium-Well

## 16

| | | | | | | | | |
|---|---|---|---|---|---|---|---|---|
| | | 2 | | | 1 | | 9 | |
| | 9 | | | 3 | | | | 5 |
| 6 | | 7 | | 2 | | | | |
| | | | | | 8 | | | 2 |
| | 1 | 5 | | 6 | | 8 | 4 | |
| 3 | | | 7 | | | | | |
| | | | | 4 | | 3 | | 6 |
| 4 | | | | 8 | | | 7 | |
| | 7 | | 1 | | | 9 | | |

| 6 |   | 8 |   |   | 5 |   |   | 2 |
|   |   |   |   |   | 6 | 1 |   | 7 |
|   | 7 | 4 |   |   |   |   | 5 |   |
|   |   | 3 |   |   |   |   |   |   |
| 5 |   |   | 7 |   | 8 |   |   | 4 |
|   |   |   |   |   |   | 8 |   |   |
|   | 5 |   |   |   |   | 2 | 8 |   |
| 2 |   | 7 | 6 |   |   |   |   |   |
| 8 |   |   | 9 |   |   | 3 |   | 6 |

Medium-Well

| | | | | 1 | | | | |
|---|---|---|---|---|---|---|---|---|
| | | 8 | | | | 3 | | |
| | 7 | | 2 | 5 | 3 | | 1 | |
| 8 | 5 | | | | | | 7 | 9 |
| | 1 | 2 | | 8 | | 5 | 3 | |
| 3 | 9 | | | | | | 4 | 8 |
| | 6 | | 7 | 3 | 2 | | 8 | |
| | | 1 | | | | 9 | | |
| | | | | 4 | | | | |

**19**

| | | | | | | | | |
|---|---|---|---|---|---|---|---|---|
| | 8 | | | | | | 1 | |
| | 3 | | 8 | 9 | 1 | | 7 | |
| | | | 5 | | 4 | | | |
| | | 6 | 2 | | 7 | 4 | | |
| 4 | 7 | | | 3 | | | 6 | 5 |
| | | 3 | 6 | | 5 | 7 | | |
| | | | 4 | | 2 | | | |
| | 9 | | 3 | 5 | 8 | | 4 | |
| | 4 | | | | | | 3 | |

Medium-Well

| | | | | | | | | |
|---|---|---|---|---|---|---|---|---|
| | 1 | | | 7 | | | | 3 |
| | | 2 | 4 | | | | | |
| | | | | | | 9 | 4 | 7 |
| 3 | 9 | | | 8 | | | | |
| 6 | 8 | | | | | | 5 | 1 |
| | | | | 1 | | | 8 | 9 |
| 7 | 4 | 8 | | | | | | |
| | | | | | 7 | 6 | | |
| 9 | | | | 3 | | | 1 | |

| | | | | | | 5 | 9 | |
|---|---|---|---|---|---|---|---|---|
| | | | 6 | 9 | 3 | | 7 | 8 |
| | | | 8 | | | | 4 | 2 |
| 5 | | | 4 | 3 | | | | |
| 9 | 6 | | | | | | 8 | 5 |
| | | | | 5 | 8 | | | 4 |
| 3 | 5 | | | | 4 | | | |
| 8 | 4 | | 3 | 6 | 2 | | | |
| | 1 | 7 | | | | | | |

Medium-Well

| | | 8 | | 2 | | 3 | | |
|---|---|---|---|---|---|---|---|---|
| | 2 | | 3 | | 1 | | 6 | |
| 3 | 6 | | | | | | 2 | 5 |
| 2 | | | | | | | | 7 |
| | 8 | | 2 | | 5 | | 9 | |
| 1 | | | | | | | | 2 |
| 6 | 5 | | | | | | 3 | 8 |
| | 9 | | 4 | | 7 | | 1 | |
| | | 2 | | 8 | | 5 | | |

| | 4 | 8 | 7 | | 5 | | 2 | |
|---|---|---|---|---|---|---|---|---|
| | | 5 | | 8 | 1 | | | |
| 9 | 3 | | | | | | | |
| 4 | 8 | | | | 7 | | | |
| | | | | 6 | | | | |
| | | | 3 | | | | 9 | 4 |
| | | | | | | | 4 | 7 |
| | | | 2 | 9 | | 6 | | |
| | 9 | | 5 | | 4 | 2 | 3 | |

Medium-Well

| | | | | | | | 3 | 4 |
|---|---|---|---|---|---|---|---|---|
| | 8 | 3 | | 9 | 7 | | | |
| | | | | 8 | 3 | | | 5 |
| | | | | | | 7 | | 9 |
| | 1 | | 8 | | 9 | | 6 | |
| 3 | | 6 | | | | | | |
| 1 | | | 2 | 3 | | | | |
| | | | 6 | 7 | | 4 | 9 | |
| 2 | 7 | | | | | | | |

| | | | | | | | | |
|---|---|---|---|---|---|---|---|---|
| | 6 | 8 | | | 1 | | | |
| | | | 6 | | 9 | | | 5 |
| | | 7 | | 5 | | 6 | | 1 |
| 1 | 4 | | | | | | 7 | |
| | | 5 | | 6 | | 9 | | |
| | 8 | | | | | | 4 | 3 |
| 8 | | 1 | | 2 | | 4 | | |
| 6 | | | 4 | | 7 | | | |
| | | | 9 | | | 1 | 6 | |

| | | | | | | | | |
|---|---|---|---|---|---|---|---|---|
| 5 | | | | 6 | | | | 9 |
| | 2 | | | 5 | | | 3 | |
| 9 | 6 | | 3 | | 8 | | 4 | 5 |
| 7 | | 4 | | | | 3 | | 6 |
| | 1 | | | | | | 7 | |
| 6 | | 8 | | | | 5 | | 1 |
| 1 | 7 | | 2 | | 5 | | 6 | 3 |
| | 3 | | | 9 | | | 5 | |
| 8 | | | | 3 | | | | 2 |

## 27

| | | | | | | | | |
|---|---|---|---|---|---|---|---|---|
| | | | 2 | | | | 4 | 3 |
| | | 5 | 9 | 3 | | 2 | 7 | |
| | | | | 6 | | | | 5 |
| 8 | | 3 | | | | | 2 | 4 |
| | | | | | | | | |
| 1 | 4 | | | | | 3 | | 7 |
| 7 | | | | 8 | | | | |
| | 8 | 4 | | 7 | 3 | 9 | | |
| 6 | 5 | | | | 9 | | | |

Medium-Well

| | | | 9 | | | | 3 | |
|---|---|---|---|---|---|---|---|---|
| | | | | 3 | | | 5 | |
| | | 3 | 2 | | | 8 | 9 | 7 |
| 7 | | | | | | 9 | | |
| | 8 | | 6 | 7 | 5 | | 2 | |
| | | 5 | | | | | | 6 |
| 3 | 6 | 9 | | | 8 | 1 | | |
| | 4 | | | 1 | | | | |
| | 5 | | | | 9 | | | |

| | | | | | | | | |
|---|---|---|---|---|---|---|---|---|
| 8 | 1 | | 7 | 4 | | | | |
| 5 | 4 | | | | 6 | | | |
| | | 2 | 5 | | 3 | | | |
| 9 | | 4 | | | | 3 | 2 | |
| 2 | | | | 7 | | | | 9 |
| | 5 | 1 | | | | 4 | | 8 |
| | | | 8 | | 1 | 6 | | |
| | | | 6 | | | | 9 | 7 |
| | | | | 2 | 7 | | 1 | 4 |

Medium-Well

| 2 | 1 | 9 |   |   |   |   |   | 3 |
|---|---|---|---|---|---|---|---|---|
|   | 6 |   |   |   | 7 |   | 1 | 4 |
|   |   |   | 3 |   |   |   |   | 9 |
|   | 5 |   | 6 |   | 9 | 2 |   |   |
|   |   |   |   | 2 |   |   |   |   |
|   |   | 7 | 1 |   | 8 |   | 3 |   |
| 6 |   |   |   |   | 5 |   |   |   |
| 8 | 7 |   | 9 |   |   |   | 4 |   |
| 4 |   |   |   |   |   | 7 | 6 | 2 |

| | | | | | | | | |
|---|---|---|---|---|---|---|---|---|
| 5 | | | 1 | | 4 | | | |
| 1 | | | | 7 | 3 | | | |
| 2 | | | | | 6 | 5 | | |
| | 4 | 3 | | | | | | |
| | 8 | 1 | | | | 4 | 3 | |
| | | | | | | 9 | 8 | |
| | | 5 | 9 | | | | | 6 |
| | | | 6 | 5 | | | | 3 |
| | | | 3 | | 8 | | | 5 |

| 5 |   |   |   |   | 7 |   | 4 | 9 |
|---|---|---|---|---|---|---|---|---|
|   |   | 6 | 9 |   |   |   | 7 | 8 |
|   | 7 |   | 8 |   |   | 2 |   |   |
|   | 1 | 4 |   |   |   |   |   | 3 |
|   |   |   |   | 9 |   |   |   |   |
| 3 |   |   |   |   |   | 4 | 6 |   |
|   |   | 3 |   |   | 8 |   | 2 |   |
| 1 | 5 |   |   |   | 6 | 3 |   |   |
| 7 | 2 |   | 5 |   |   |   |   | 4 |

## 33

| | | | | | | | | |
|---|---|---|---|---|---|---|---|---|
| | 7 | 9 | | | | | 5 | |
| 2 | | | | 3 | 6 | | | 9 |
| 4 | | 8 | | 2 | 9 | 1 | | |
| | | | | | | 4 | 1 | |
| | 2 | 6 | | | | 9 | 8 | |
| | 9 | 4 | | | | | | |
| | | 5 | 2 | 8 | | 6 | | 4 |
| 3 | | | 9 | 4 | | | | 8 |
| | 4 | | | | | 2 | 9 | |

Medium-Well

| | | | | | | | | |
|---|---|---|---|---|---|---|---|---|
| 8 | | 4 | 9 | | | | | 6 |
| | 7 | 3 | | 4 | | | 9 | |
| | | | | | 7 | | 8 | 4 |
| | | 8 | | | | | | 2 |
| | 9 | | | 8 | | | 1 | |
| 7 | | | | | | 4 | | |
| 1 | 4 | | 3 | | | | | |
| | 8 | | | 6 | | 2 | 4 | |
| 6 | | | | | 4 | 5 | | 7 |

| 6 |   | 1 | 4 |   | 8 | 7 |   | 3 |
|---|---|---|---|---|---|---|---|---|
|   | 2 | 7 |   |   |   | 1 | 5 |   |
|   |   |   |   |   |   |   |   |   |
|   |   | 6 | 9 |   | 3 | 8 |   |   |
|   | 7 |   |   |   |   |   | 3 |   |
|   |   | 8 | 1 |   | 6 | 2 |   |   |
|   |   |   |   |   |   |   |   |   |
|   | 9 | 2 |   |   |   | 3 | 1 |   |
| 7 |   | 3 | 2 |   | 5 | 6 |   | 4 |

Medium-Well

| | 9 | | 5 | | | 6 | | |
|---|---|---|---|---|---|---|---|---|
| | | | 4 | 9 | | | | 2 |
| 3 | | | | 7 | 1 | | | |
| | | 5 | | | | | 2 | 3 |
| | 8 | 1 | | | | 7 | 5 | |
| 2 | 3 | | | | | 8 | | |
| | | | 6 | 3 | | | | 1 |
| 1 | | | | 4 | 5 | | | |
| | | 8 | | | 2 | | 6 | |

**37**

| | | | | | | | | |
|---|---|---|---|---|---|---|---|---|
| 1 | 2 | 7 | 9 | | | | | 4 |
| | | | | | 4 | | | 7 |
| | | 9 | | | 5 | 1 | | 8 |
| | 5 | 4 | | | | | | 3 |
| | | | | | | | | |
| 9 | | | | | | 5 | 8 | |
| 2 | | 1 | 3 | | | 8 | | |
| 4 | | | 7 | | | | | |
| 6 | | | | | 9 | 7 | 2 | 1 |

Medium-Well

| | | | | | | | | |
|---|---|---|---|---|---|---|---|---|
| | 3 | | 9 | 5 | | 8 | | |
| | 9 | | | | | | 6 | 7 |
| 1 | | | | | 6 | | | |
| | | 6 | 1 | | 7 | | | 3 |
| 8 | | | | 3 | | | | 5 |
| 7 | | | 2 | | 5 | 6 | | |
| | | | 5 | | | | | 8 |
| 2 | 1 | | | | | | 3 | |
| | | 8 | | 1 | 9 | | 2 | |

| 1 |   |   |   |   |   |   | 3 | 7 |
|---|---|---|---|---|---|---|---|---|
|   |   |   | 1 | 5 |   |   |   | 8 |
|   |   | 5 |   | 8 |   | 2 |   |   |
|   | 7 |   | 3 |   |   |   |   |   |
|   | 5 | 3 |   | 1 |   | 7 | 6 |   |
|   |   |   |   |   | 2 |   | 5 |   |
|   |   | 4 |   | 3 |   | 9 |   |   |
| 3 |   |   |   | 4 | 6 |   |   |   |
| 9 | 8 |   |   |   |   |   |   | 2 |

Medium-Well

| | | | | | | | | |
|---|---|---|---|---|---|---|---|---|
| 5 | | 6 | 2 | | | | | 3 |
| | | 7 | 1 | 3 | | | | |
| | | | | | | | 6 | 2 |
| | | | 6 | | 3 | | 8 | 5 |
| | 3 | | | 2 | | | 7 | |
| 1 | 2 | | 5 | | 4 | | | |
| 8 | 6 | | | | | | | |
| | | | | 6 | 1 | 8 | | |
| 4 | | | | | 7 | 5 | | 6 |

| | | 4 | 1 | | 7 | 9 | | |
|---|---|---|---|---|---|---|---|---|
| | 5 | | | | | | 6 | |
| | 2 | | 6 | | 4 | | 1 | |
| 5 | | | 7 | | 1 | | | 9 |
| 7 | | | | | | | | 6 |
| 2 | | | 9 | | 8 | | | 7 |
| | 3 | | 4 | | 9 | | 7 | |
| | 9 | | | | | | 2 | |
| | | 6 | 5 | | 3 | 8 | | |

Medium-Well

| 2 | 6 |   | 8 |   |   |   |   |   |
|---|---|---|---|---|---|---|---|---|
| 8 |   |   | 9 |   |   |   |   |   |
| 3 | 7 | 9 | 2 |   |   |   |   | 4 |
| 4 |   |   | 5 |   |   |   |   | 6 |
| 1 | 3 |   |   |   |   |   | 2 | 5 |
| 7 |   |   |   |   | 4 |   |   | 8 |
| 6 |   |   |   |   | 9 | 3 | 5 | 7 |
|   |   |   |   |   | 2 |   |   | 9 |
|   |   |   |   |   | 6 |   | 8 | 2 |

## 43

| | | | | | | | | |
|---|---|---|---|---|---|---|---|---|
| 3 | 5 | | 8 | | 2 | | 6 | 4 |
| | 1 | | | | | | 2 | |
| | | | 5 | | 1 | | | |
| 5 | 8 | | | | | | 4 | 7 |
| | | | 1 | | 7 | | | |
| 9 | 6 | | | | | | 3 | 1 |
| | | | 4 | | 3 | | | |
| | 9 | | | | | | 5 | |
| 4 | 7 | | 9 | | 6 | | 1 | 8 |

Medium-Well

| | 8 | | 5 | 6 | 4 | | | |
|---|---|---|---|---|---|---|---|---|
| 1 | | 2 | | 7 | | | | |
| 9 | | | 1 | | | | | |
| 6 | | 4 | 2 | | | | | 3 |
| | | | | | | | | |
| 3 | | | | | 1 | 8 | | 7 |
| | | | | | 3 | | | 2 |
| | | | | 4 | | 9 | | 1 |
| | | | 6 | 1 | 5 | | 8 | |

| | | | | | | | | |
|---|---|---|---|---|---|---|---|---|
| | | | 3 | 6 | 7 | | | |
| | 7 | | 2 | | 1 | | 9 | |
| 3 | | | | | | | | 7 |
| 1 | | 9 | | | | 3 | | 8 |
| | | 4 | 1 | | 6 | 9 | | |
| 5 | | 8 | | | | 7 | | 4 |
| 9 | | | | | | | | 6 |
| | 5 | | 6 | | 4 | | 8 | |
| | | | 7 | 1 | 9 | | | |

|   | 2 | 8 | 4 | 6 |   |   |   | 1 |
|---|---|---|---|---|---|---|---|---|
|   |   |   |   | 2 | 1 |   | 5 | 7 |
|   |   |   |   |   |   |   |   |   |
|   | 7 |   |   |   |   | 9 |   |   |
|   | 5 | 2 |   | 3 |   | 8 | 1 |   |
|   |   | 3 |   |   |   |   | 4 |   |
|   |   |   |   |   |   |   |   |   |
| 1 | 3 |   | 2 | 9 |   |   |   |   |
| 9 |   |   |   | 1 | 6 | 4 | 3 |   |

| | | | | | | | | |
|---|---|---|---|---|---|---|---|---|
| 1 | | | 6 | 2 | | 4 | | |
| | | | 3 | | | 9 | | |
| | | | | 8 | | | 2 | |
| | 4 | | 8 | | | | | 5 |
| 5 | 1 | | | | | | 3 | 8 |
| 9 | | | | | 3 | | 4 | |
| | 9 | | | 6 | | | | |
| | | 7 | | | 4 | | | |
| | | 2 | | 1 | 7 | | | 4 |

| | | | | | | | | |
|---|---|---|---|---|---|---|---|---|
| | 1 | 2 | | | 5 | | | 8 |
| 8 | | | 9 | | | 6 | | |
| 5 | | 6 | 2 | | | 3 | 1 | |
| | 2 | 7 | | | | | | 6 |
| | | | | | | | | |
| 3 | | | | | | 8 | 2 | |
| | 6 | 5 | | | 1 | 9 | | 3 |
| | | 1 | | | 7 | | | 5 |
| 2 | | | 5 | | | 1 | 8 | |

| | | | | | | | | |
|---|---|---|---|---|---|---|---|---|
| | 6 | 1 | | 9 | | | 3 | |
| 9 | 2 | | | | 6 | | 7 | 8 |
| | | 8 | | | | 6 | | 1 |
| | 5 | | 7 | | 9 | | | |
| 2 | | | | | | | | 3 |
| | | | 3 | | 2 | | 1 | |
| 6 | | 5 | | | | 1 | | |
| 3 | 9 | | 6 | | | | 8 | 4 |
| | 1 | | | 2 | | 3 | 6 | |

| 8 | 2 |   | 4 |   | 9 |   |   |   |
|   |   | 1 |   |   | 7 | 9 | 5 |   |
| 5 |   |   |   |   |   |   | 4 |   |
| 4 |   |   |   |   |   |   | 3 |   |
|   |   | 7 | 6 |   | 3 | 8 |   |   |
|   | 1 |   |   |   |   |   |   | 9 |
|   | 8 |   |   |   |   |   |   | 5 |
|   | 3 | 4 | 5 |   |   | 2 |   |   |
|   |   |   | 2 |   | 1 |   | 6 | 3 |

51

| | | | | | | | | |
|---|---|---|---|---|---|---|---|---|
| | | 3 | | 1 | | 4 | | |
| | 6 | | | | | | 9 | |
| | | | 2 | 8 | 6 | | | |
| | 3 | 7 | | 9 | | 5 | 2 | |
| | | | 1 | | 3 | | | |
| | 9 | 4 | | 7 | | 8 | 1 | |
| | | | 8 | 6 | 9 | | | |
| | 5 | | | | | | 4 | |
| | | 8 | | 3 | | 9 | | |

Medium-Well

| | | | 5 | 4 | | 9 | 6 | 8 |
|---|---|---|---|---|---|---|---|---|
| | 6 | | | 2 | | | 3 | 4 |
| | | | 3 | | | | | |
| | | 8 | | | | | | 9 |
| 1 | 5 | | | | | | 2 | 6 |
| 9 | | | | | | 7 | | |
| | | | 6 | | | | | |
| 3 | 8 | | | 1 | | | 5 | |
| 5 | 9 | 2 | | 8 | 7 | | | |

| | | | | | | | | |
|---|---|---|---|---|---|---|---|---|
| | | | | | 3 | | | |
| 7 | | | | | | 6 | | 9 |
| | | | 2 | 7 | 9 | | | 3 |
| 5 | | 1 | | 3 | 8 | 2 | | |
| | | 8 | | | | 3 | | |
| | | 7 | 4 | 6 | | 9 | | 5 |
| 3 | | | 8 | 5 | 2 | | | |
| 6 | | 5 | | | | | | 1 |
| | | | 3 | | | | | |

Medium-Well

| | | 4 | 7 | 8 | | | | 5 |
|---|---|---|---|---|---|---|---|---|
| 2 | | 6 | 1 | | 5 | | | |
| 7 | | | | | | | | |
| | | | | 7 | 8 | | 6 | |
| 8 | 3 | | | | | | 4 | 2 |
| | 9 | | 4 | 1 | | | | |
| | | | | | | | | 7 |
| | | | 5 | | 7 | 8 | | 4 |
| 4 | | | | 2 | 3 | 9 | | |

55

| | | | | | | | | |
|---|---|---|---|---|---|---|---|---|
| | | | | 4 | | 7 | | |
| | | | 9 | 6 | 7 | | | |
| 6 | | 4 | | 1 | 5 | 9 | | |
| | 2 | 8 | | | | | 4 | |
| 7 | 4 | 9 | | | | 8 | 5 | 6 |
| | 5 | | | | | 2 | 1 | |
| | | 7 | 4 | 5 | | 6 | | 3 |
| | | | 8 | 7 | 9 | | | |
| | | 5 | | 3 | | | | |

Medium-Well

| 3 |   | 8 | 5 |   |   |   |   | 9 |
|   |   |   | 1 | 7 |   |   |   |   |
|   |   |   |   | 2 | 8 |   |   | 4 |
|   |   | 3 |   |   |   |   | 2 | 7 |
|   | 7 | 9 |   |   |   | 8 | 1 |   |
| 4 | 8 |   |   |   |   | 3 |   |   |
| 8 |   |   | 7 | 6 |   |   |   |   |
|   |   |   |   | 1 | 5 |   |   |   |
| 1 |   |   |   |   | 9 | 5 |   | 2 |

| 4 |   |   |   | 3 | 1 |   | 7 | 9 |
|---|---|---|---|---|---|---|---|---|
|   | 9 |   |   |   |   |   |   |   |
|   |   |   | 6 | 9 |   | 1 |   | 2 |
| 6 |   |   |   |   | 4 | 8 | 1 |   |
|   |   |   |   |   |   |   |   |   |
|   | 3 | 4 | 7 |   |   |   |   | 6 |
| 5 |   | 9 |   | 8 | 3 |   |   |   |
|   |   |   |   |   |   |   | 9 |   |
| 2 | 6 |   | 5 | 4 |   |   |   | 8 |

Medium-Well

| | | 9 | 2 | | 6 | 4 | | |
|---|---|---|---|---|---|---|---|---|
| | | | 8 | | 1 | | | |
| 1 | | | | 9 | | | | 8 |
| | 5 | | | | | | 1 | |
| 6 | | | 1 | | 3 | | | 4 |
| | 9 | | | | | | 7 | |
| 3 | | | | 2 | | | | 6 |
| | | | 5 | | 7 | | | |
| | | 7 | 3 | | 4 | 5 | | |

**59**

| | | | | | | | | |
|---|---|---|---|---|---|---|---|---|
| | | | 6 | 2 | 7 | | | |
| | 7 | | 4 | | 5 | | 8 | |
| 2 | | | | | | | | 1 |
| 5 | | 8 | | | | 2 | | 9 |
| 7 | | | 2 | | 1 | | | 5 |
| 9 | | 6 | | | | 1 | | 7 |
| 1 | | | | | | | | 8 |
| | 5 | | 3 | | 2 | | 1 | |
| | | | 1 | 6 | 4 | | | |

Medium-Well

| 1 |   |   |   | 5 | 8 |   |   | 7 |
|---|---|---|---|---|---|---|---|---|
|   |   | 8 | 9 |   |   |   |   |   |
|   |   | 7 | 3 |   |   | 4 | 9 |   |
| 3 |   |   |   |   |   | 1 | 4 |   |
| 4 |   |   |   |   |   |   |   | 9 |
|   | 8 | 2 |   |   |   |   |   | 5 |
|   | 1 | 4 |   |   | 2 | 7 |   |   |
|   |   |   |   |   | 9 | 2 |   |   |
| 5 |   |   | 8 | 7 |   |   |   | 4 |

**61**

| | | | | | | | | |
|---|---|---|---|---|---|---|---|---|
| | | | 1 | 7 | | 6 | 3 | |
| | | 2 | 8 | | | | | |
| 3 | | | | 6 | 4 | | | 5 |
| | | 9 | | 3 | | | | 7 |
| | | 5 | | | | 4 | | |
| 1 | | | | 9 | | 3 | | |
| 8 | | | 3 | 1 | | | | 6 |
| | | | | | 6 | 5 | | |
| | 5 | 3 | | 4 | 8 | | | |

Medium-Well

| 4 | 1 |   |   | 6 |   |   | 5 | 2 |
|---|---|---|---|---|---|---|---|---|
|   |   |   |   | 4 |   |   |   |   |
|   |   |   | 8 |   | 5 |   |   |   |
|   |   | 2 |   | 7 |   | 3 |   |   |
| 8 | 7 |   |   | 1 |   |   | 6 | 4 |
|   |   | 9 |   | 8 |   | 7 |   |   |
|   |   |   | 7 |   | 3 |   |   |   |
|   |   |   |   | 2 |   |   |   |   |
| 3 | 2 |   |   | 9 |   |   | 4 | 8 |

63

| | | | | | | | | |
|---|---|---|---|---|---|---|---|---|
| 2 | | | | 4 | | 7 | | 8 |
| | | | 9 | | 8 | | | |
| 7 | 8 | | | | | | | 9 |
| | 7 | | 4 | | | 5 | | |
| 5 | | | | | | | | 2 |
| | | 9 | | | 2 | | 6 | |
| 1 | | | | | | | 3 | 7 |
| | | | 8 | | 4 | | | |
| 9 | | 8 | | 6 | | | | 1 |

| | 5 | | | | | | 2 | |
|---|---|---|---|---|---|---|---|---|
| 4 | 9 | | 7 | | 6 | | 8 | 5 |
| 7 | | | | | | | | 3 |
| | | | 2 | 5 | 3 | | | |
| 2 | | | | | | | | 4 |
| | | | 4 | 9 | 1 | | | |
| 9 | | | | | | | | 2 |
| 1 | 7 | | 5 | | 4 | | 9 | 8 |
| | 8 | | | | | | 6 | |

# 65

| | | | | | | | | |
|---|---|---|---|---|---|---|---|---|
| | 7 | | 4 | 2 | | 1 | 8 | |
| 3 | | 8 | 5 | 7 | | | | 4 |
| 4 | | | | | | | 3 | |
| | | | | | | | 5 | 8 |
| 8 | 3 | | | | | | 6 | 2 |
| 5 | 6 | | | | | | | |
| | 5 | | | | | | | 6 |
| 2 | | | | 5 | 1 | 4 | | 3 |
| | 4 | 6 | | 9 | 8 | | 1 | |

Medium-Well

| 7 |   |   | 4 | 3 |   |   |   | 9 |
|---|---|---|---|---|---|---|---|---|
| 3 | 2 | 6 | 8 |   |   |   |   |   |
|   |   |   |   |   |   |   |   |   |
|   | 8 |   |   |   | 3 |   | 1 | 5 |
|   | 3 |   | 2 | 7 | 1 |   | 6 |   |
| 9 | 1 |   | 5 |   |   |   | 3 |   |
|   |   |   |   |   |   |   |   |   |
|   |   |   |   |   | 5 | 2 | 9 | 3 |
| 2 |   |   |   | 8 | 4 |   |   | 7 |

67

| | | | | | | | | |
|---|---|---|---|---|---|---|---|---|
| 1 | | 4 | | | | | | 5 |
| | | 5 | 9 | | | 6 | | |
| | 6 | | | 7 | | | 1 | 2 |
| | | | 3 | | 2 | | 5 | |
| | | 8 | | | | 2 | | |
| | 3 | | 5 | | 1 | | | |
| 6 | 9 | | | 4 | | | 2 | |
| | | 2 | | | 8 | 7 | | |
| 4 | | | | | | 1 | | 3 |

Medium-Well

| 9 |   |   |   |   |   | 2 | 5 | 6 |
|---|---|---|---|---|---|---|---|---|
| 4 |   |   | 1 |   |   |   |   |   |
| 7 |   |   | 5 | 6 |   |   |   |   |
|   |   |   | 4 |   | 7 | 8 | 6 |   |
|   |   | 7 |   | 1 |   | 4 |   |   |
|   | 4 | 8 | 3 |   | 2 |   |   |   |
|   |   |   |   | 3 | 4 |   |   | 7 |
|   |   |   |   |   | 1 |   |   | 9 |
| 2 | 3 | 1 |   |   |   |   |   | 4 |

**69**

| | | | | | | | | |
|---|---|---|---|---|---|---|---|---|
| | 4 | | 2 | | | | | 6 |
| | 8 | | 1 | | 5 | | 2 | 4 |
| | | | | 6 | 3 | | | |
| 5 | | 6 | | | | 3 | 8 | |
| | | | | | | | | |
| | 7 | 4 | | | | 1 | | 2 |
| | | | 8 | 1 | | | | |
| 8 | 9 | | 7 | | 4 | | 1 | |
| 4 | | | | | 2 | | 7 | |

| | | | | 8 | 3 | | 1 | |
|---|---|---|---|---|---|---|---|---|
| | | 4 | 7 | | 5 | | | 8 |
| | 1 | | 6 | | | | | |
| | 7 | 5 | 8 | | | | 2 | 4 |
| 2 | | | | | | | | 5 |
| 3 | 9 | | | | 4 | 1 | 7 | |
| | | | | | 7 | | 8 | |
| 1 | | | 4 | | 8 | 6 | | |
| | 8 | | 1 | 9 | | | | |

| | | | | | 7 | 8 | 3 | |
|---|---|---|---|---|---|---|---|---|
| 4 | | | | | 8 | | | |
| | 5 | 8 | | | | 4 | | |
| | | | | 1 | | 5 | | 7 |
| 1 | 6 | | 7 | | 5 | | 8 | 4 |
| 5 | | 2 | | 8 | | | | |
| | | 6 | | | | 7 | 5 | |
| | | | 9 | | | | | 2 |
| | 4 | 9 | 3 | | | | | |

Medium-Well

| | 1 | | | | 8 | 4 | | |
|---|---|---|---|---|---|---|---|---|
| 3 | | | | | 2 | | 9 | |
| | | 4 | | | | 2 | | 5 |
| | | | 6 | | | | 7 | 4 |
| | | | | 8 | | | | |
| 6 | 4 | | | | 9 | | | |
| 1 | | 2 | | | | 5 | | |
| | 8 | | 4 | | | | | 9 |
| | | 5 | 9 | | | | 6 | |

| | | | | | | | | |
|---|---|---|---|---|---|---|---|---|
| 8 | | | | 5 | 7 | | 6 | |
| | | 1 | 9 | | | | | 8 |
| | 3 | 5 | | 6 | | | | |
| | 6 | | | | 9 | | | 2 |
| 5 | | 2 | | | | 3 | | 7 |
| 7 | | | 5 | | | | 9 | |
| | | | | 9 | | 8 | 3 | |
| 9 | | | | | 1 | 6 | | |
| | 5 | | 7 | 4 | | | | 1 |

| | 8 | 4 | | | | | 5 | |
|---|---|---|---|---|---|---|---|---|
| | 3 | | 4 | | | | | 1 |
| 6 | | 9 | | | | 4 | | |
| | | 7 | | 5 | | | | |
| | 1 | | 9 | 6 | 8 | | 2 | |
| | | | | 2 | | 1 | | |
| | | 3 | | | | 2 | | 6 |
| 8 | | | | | 9 | | 7 | |
| | 2 | | | | | 5 | 9 | |

Su Doku

|   |   | 5 |   |   | 7 |   | 8 |   |
|---|---|---|---|---|---|---|---|---|
| 7 | 2 |   |   |   |   | 6 | 9 |   |
|   | 6 |   |   |   | 3 |   |   | 5 |
| 4 |   | 8 | 2 |   | 9 |   |   |   |
|   |   |   |   |   |   |   |   |   |
|   |   |   | 8 |   | 6 | 9 |   | 4 |
| 3 |   |   | 5 |   |   |   | 2 |   |
|   | 5 | 7 |   |   |   |   | 1 | 9 |
|   | 4 |   | 7 |   |   | 3 |   |   |

Medium-Well

| | | | | | | | | |
|---|---|---|---|---|---|---|---|---|
| | 3 | 7 | | 2 | | | | |
| | 2 | | | | 4 | | | |
| | | 8 | | 7 | 6 | 9 | 3 | |
| | | | 5 | | | | 6 | |
| | | 5 | | 4 | | 2 | | |
| | 9 | | | | 2 | | | |
| | 6 | 1 | 4 | 8 | | 3 | | |
| | | | 6 | | | | 8 | |
| | | | | 9 | | 4 | 7 | |

| | | | | | | | | |
|---|---|---|---|---|---|---|---|---|
| 1 | | | | | | | 9 | 7 |
| 9 | 6 | 4 | | 7 | 8 | | 2 | |
| | | | | | | | 1 | |
| | 4 | | | 6 | | | | |
| | 5 | | 4 | 8 | 3 | | 7 | |
| | | | | 9 | | | 8 | |
| | 2 | | | | | | | |
| | 7 | | 5 | 2 | | 9 | 4 | 8 |
| 6 | 9 | | | | | | | 2 |

Medium-Well

| 1 |   |   |   |   |   | 2 | 4 |   |
|---|---|---|---|---|---|---|---|---|
| 7 | 5 | 2 |   |   |   |   |   | 6 |
|   | 4 |   |   |   | 3 |   |   |   |
|   |   |   |   | 5 |   | 9 | 2 |   |
|   | 8 |   |   | 6 |   |   | 5 |   |
|   | 2 | 5 |   | 8 |   |   |   |   |
|   |   |   | 9 |   |   |   | 7 |   |
| 4 |   |   |   |   |   | 5 | 6 | 1 |
|   | 6 | 3 |   |   |   |   |   | 9 |

**79**

| | | | | | | | | |
|---|---|---|---|---|---|---|---|---|
| 4 | | | | | 9 | 7 | | 3 |
| | | 3 | 1 | | | | | |
| 9 | | | 2 | | 5 | | 1 | |
| 6 | | 5 | | | | 4 | 3 | |
| | | | | | | | | |
| | 4 | 2 | | | | 8 | | 1 |
| | 7 | | 4 | | 2 | | | 8 |
| | | | | | 1 | 5 | | |
| 5 | | 9 | 3 | | | | | 7 |

Medium-Well

| | | | | | 8 | 3 | | |
|---|---|---|---|---|---|---|---|---|
| 4 | | | 9 | 7 | | | | |
| | 5 | | | | 4 | 7 | 9 | |
| | | | | | 6 | 5 | 1 | |
| 5 | | | | | | | | 9 |
| | 7 | 6 | 8 | | | | | |
| | 1 | 5 | 3 | | | | 4 | |
| | | | | 4 | 7 | | | 3 |
| | | 8 | 5 | | | | | |

**81**

| | | | | | | | | |
|---|---|---|---|---|---|---|---|---|
| | | 3 | 2 | 8 | 7 | 6 | | |
| | 8 | 7 | | | | 2 | 9 | |
| | | | | | | | | |
| | 7 | 4 | | 5 | | 1 | 2 | |
| | | | 1 | | 9 | | | |
| | 9 | 6 | | 7 | | 5 | 3 | |
| | | | | | | | | |
| | 2 | 8 | | | | 7 | 5 | |
| | | 9 | 6 | 4 | 5 | 3 | | |

Medium-Well

| | | | | | | | | |
|---|---|---|---|---|---|---|---|---|
| | 3 | | | | 7 | 6 | | |
| 8 | | 7 | | | 6 | | | |
| | 2 | | | 3 | | | | 7 |
| | | | | | 4 | | 7 | 6 |
| | | 8 | | | | 5 | | |
| 4 | 6 | | 1 | | | | | |
| 5 | | | | 8 | | | 9 | |
| | | | 5 | | | 4 | | 8 |
| | | 3 | 4 | | | | 2 | |

| | | | | | | | | |
|---|---|---|---|---|---|---|---|---|
| 8 | | 5 | | 9 | | | | 1 |
| | 6 | | 8 | 3 | | | | |
| 1 | | | 2 | | | | | |
| | 5 | 9 | | | 6 | | | |
| 4 | 3 | | | | | | 6 | 9 |
| | | | 4 | | | 3 | 2 | |
| | | | | | 3 | | | 8 |
| | | | | 8 | 2 | | 5 | |
| 3 | | | | 1 | | 9 | | 2 |

| | | | | | | | | |
|---|---|---|---|---|---|---|---|---|
| | 2 | | 1 | | | | | 4 |
| 1 | | | 3 | | 5 | | | |
| | | 9 | | 4 | | 5 | | |
| 8 | 4 | | 7 | | | | 9 | |
| | | 1 | | 2 | | 7 | | |
| | 7 | | | | 8 | | 1 | 5 |
| | | 6 | | 8 | | 3 | | |
| | | | 5 | | 6 | | | 9 |
| 4 | | | | | 7 | | 8 | |

| | | | | | | | | |
|---|---|---|---|---|---|---|---|---|
| | | | 8 | | 9 | | | |
| 7 | | | | | | | | 1 |
| | 9 | 3 | | | | 5 | 7 | |
| 4 | | 6 | | 2 | | 7 | | 5 |
| 2 | | 7 | | | | 8 | | 4 |
| 8 | | 9 | | 5 | | 1 | | 6 |
| | 6 | 2 | | | | 4 | 5 | |
| 3 | | | | | | | | 9 |
| | | | 9 | | 6 | | | |

Medium-Well

| 3 |   |   | 9 |   |   |   |   | 5 |
|---|---|---|---|---|---|---|---|---|
|   | 7 | 5 |   |   |   | 9 | 2 |   |
|   | 9 | 8 |   |   |   | 4 | 3 |   |
|   |   |   |   | 6 |   |   |   | 7 |
|   |   |   | 5 | 3 | 2 |   |   |   |
| 6 |   |   |   | 4 |   |   |   |   |
|   | 5 | 4 |   |   |   | 2 | 7 |   |
|   | 3 | 7 |   |   |   | 6 | 5 |   |
| 2 |   |   |   |   | 7 |   |   | 9 |

| | 7 | | 4 | | | | | |
|---|---|---|---|---|---|---|---|---|
| | | 1 | | | | | | 6 |
| 8 | 4 | 2 | | | 7 | 3 | | |
| | | | | | | 7 | | 5 |
| 6 | 5 | | | | | | 9 | 1 |
| 2 | | 7 | | | | | | |
| | | 4 | 6 | | | 9 | 5 | 2 |
| 9 | | | | | | 8 | | |
| | | | | | 8 | | 3 | |

Medium-Well

| | | | | | | | | |
|---|---|---|---|---|---|---|---|---|
| | | 9 | | 4 | | | | |
| 5 | 2 | | 7 | | | 6 | | |
| | 1 | | 3 | | 9 | | | |
| | 7 | | | 2 | | | 1 | 8 |
| | | 5 | | | | 3 | | |
| 2 | 4 | | | 8 | | | 6 | |
| | | | 1 | | 4 | | 2 | |
| | | 1 | | | 6 | | 8 | 3 |
| | | | | 7 | | 1 | | |

| 7 |   |   |   |   | 8 | 1 |   | 5 |
|---|---|---|---|---|---|---|---|---|
|   | 4 |   | 6 |   | 7 |   |   |   |
|   |   | 3 |   |   |   |   |   | 9 |
|   |   | 4 | 3 |   |   |   |   |   |
| 6 | 5 |   |   |   |   |   | 2 | 1 |
|   |   |   |   |   | 6 | 4 |   |   |
| 4 |   |   |   |   |   | 7 |   |   |
|   |   |   | 7 |   | 3 |   | 8 |   |
| 1 |   | 7 | 9 |   |   |   |   | 2 |

Medium-Well

| | 1 | | | 3 | 7 | | 5 | |
|---|---|---|---|---|---|---|---|---|
| | | 4 | 2 | | | | | 6 |
| 3 | 5 | | | 4 | | 2 | | |
| | | | | 8 | | | | |
| 5 | 4 | 3 | | | | 8 | 9 | 2 |
| | | | 3 | | | | | |
| | | 7 | | 6 | | | 4 | 8 |
| 2 | | | | | 3 | 5 | | |
| | 6 | | 7 | 8 | | | 2 | |

| 7 |   |   | 3 |   | 1 |   | 5 | 8 |
|---|---|---|---|---|---|---|---|---|
| 8 |   |   |   |   | 9 |   |   |   |
|   |   | 5 |   |   |   | 2 |   |   |
| 9 | 7 |   | 6 |   | 8 |   |   | 1 |
|   |   |   |   |   |   |   |   |   |
| 3 |   |   | 9 |   | 5 |   | 8 | 4 |
|   |   | 8 |   |   |   | 7 |   |   |
|   |   |   | 8 |   |   |   |   | 5 |
| 6 | 1 |   | 2 |   | 4 |   |   | 9 |

Medium-Well

| 8 |   | 4 |   | 2 | 1 | 7 |   |   |
|---|---|---|---|---|---|---|---|---|
| 1 |   | 9 | 7 |   |   |   |   |   |
|   |   |   |   |   |   | 5 |   |   |
|   | 4 | 3 | 5 |   |   |   |   |   |
|   | 1 | 7 |   | 6 |   | 9 | 3 |   |
|   |   |   |   |   | 7 | 1 | 4 |   |
|   |   | 8 |   |   |   |   |   |   |
|   |   |   |   |   | 3 | 6 |   | 7 |
|   |   | 1 | 8 | 5 |   | 3 |   | 4 |

| | | | | | | | | |
|---|---|---|---|---|---|---|---|---|
| | | | | | 8 | 7 | 2 | |
| 6 | | | | | | | | |
| 2 | | 4 | 6 | | 3 | 5 | | |
| 1 | | 5 | 2 | | 7 | 3 | | |
| | | | | 5 | | | | |
| | | 6 | 8 | | 9 | 1 | | 2 |
| | | 3 | 4 | | 6 | 2 | | 5 |
| | | | | | | | | 4 |
| | 6 | 1 | 7 | | | | | |

Medium-Well

| | | | | | | | | |
|---|---|---|---|---|---|---|---|---|
| | | | | | | | | |
| | | 3 | 1 | | 6 | 2 | 4 | |
| | 9 | 7 | | | 2 | 1 | 8 | |
| | 6 | | | 5 | | 4 | 7 | |
| | | | 8 | | 3 | | | |
| | 1 | 4 | | 6 | | | 5 | |
| | 3 | 9 | 7 | | | 5 | 2 | |
| | 7 | 5 | 3 | | 9 | 8 | | |
| | | | | | | | | |

95

| | | | | | | | | |
|---|---|---|---|---|---|---|---|---|
| | | | | | 2 | 8 | | 1 |
| | | | | 7 | | | | |
| 7 | 8 | | 1 | | 6 | 5 | | |
| 4 | 6 | | | 1 | | | | |
| | 9 | 1 | | | | 3 | 8 | |
| | | | | 3 | | | 1 | 4 |
| | | 4 | 5 | | 1 | | 6 | 3 |
| | | | | 6 | | | | |
| 8 | | 6 | 2 | | | | | |

Medium-Well

| | 1 | 3 | | | | 2 | | |
|---|---|---|---|---|---|---|---|---|
| 7 | 8 | | | | | 4 | 9 | |
| | 2 | | | 4 | | 6 | | |
| | | | 1 | 7 | | | | |
| | | 4 | 5 | | 2 | 7 | | |
| | | | | 8 | 9 | | | |
| | | 2 | | 5 | | | 8 | |
| | 9 | 7 | | | | | 6 | 3 |
| | | 8 | | | | 5 | 7 | |

| | | | | | | | | |
|---|---|---|---|---|---|---|---|---|
| 7 | | 6 | 8 | | | 9 | | 5 |
| 8 | | | | | 3 | | | |
| | | | | | | 7 | | |
| 6 | | | | 7 | | | 5 | |
| | | 3 | 1 | | 4 | 8 | | |
| | 2 | | | 5 | | | | 7 |
| | | 8 | | | | | | |
| | | | 6 | | | | | 9 |
| 1 | | 7 | | | 2 | 4 | | 8 |

Medium-Well

| | | | | | | | | |
|---|---|---|---|---|---|---|---|---|
| | 1 | | 7 | | | 8 | | |
| | 5 | | 9 | | 1 | | 2 | 3 |
| 4 | | | | | | | | |
| | 6 | | | 9 | | | 1 | 2 |
| | | | 2 | | 4 | | | |
| 1 | 9 | | | 6 | | | 5 | |
| | | | | | | | | 8 |
| 9 | 7 | | 4 | | 3 | | 6 | |
| | | 1 | | | 6 | | 7 | |

# 99

| | | | | | | | | |
|---|---|---|---|---|---|---|---|---|
| 1 | | 5 | | 8 | | | | 3 |
| | | | 3 | | | 1 | | |
| | 4 | | | | 1 | | | 5 |
| | | 9 | 6 | | 5 | | 1 | |
| 6 | | | | | | | | 4 |
| | 5 | | 1 | | 9 | 2 | | |
| 4 | | | 8 | | | | 7 | |
| | | 1 | | | 6 | | | |
| 3 | | | | 1 | | 6 | | 2 |

Medium-Well

| | | | | | | | | |
|---|---|---|---|---|---|---|---|---|
| 9 | 2 | 6 | 5 | | 1 | | | |
| | 8 | | | | 3 | 5 | | |
| 3 | | | | | | | | 1 |
| 7 | | | | | | 9 | | |
| | | 3 | 8 | | 9 | 1 | | |
| | | 9 | | | | | | 4 |
| 1 | | | | | | | | 5 |
| | | 2 | 7 | | | | 6 | |
| | | | 9 | | 4 | 8 | 1 | 7 |

| | | | | | | | | |
|---|---|---|---|---|---|---|---|---|
| 6 | | 9 | | 2 | | | | 4 |
| | 4 | | 3 | | | 6 | | |
| 3 | | | | | | | 2 | |
| | 3 | | 8 | | 7 | | | |
| 9 | | | | | | | | 7 |
| | | | 2 | | 4 | | 1 | |
| | 7 | | | | | | | 6 |
| | | 2 | | | 1 | | 7 | |
| 4 | | | | 5 | | 2 | | 1 |

Medium-Well

| | | | | | | | | |
|---|---|---|---|---|---|---|---|---|
| | | | | 3 | | | | 4 |
| | | 3 | | 8 | | | 2 | |
| | | | 4 | | 9 | | 8 | 1 |
| | | 9 | | | | 6 | | 8 |
| | | | 8 | | 2 | | | |
| 6 | | 1 | | | | 5 | | |
| 7 | 6 | | 9 | | 1 | | | |
| | 5 | | | 7 | | 4 | | |
| 1 | | | | 2 | | | | |

| 9 |   | 6 |   |   | 2 | 4 | 5 | 1 |
|---|---|---|---|---|---|---|---|---|
| 2 |   |   | 4 |   |   |   |   |   |
| 4 |   |   |   | 1 |   |   |   | 3 |
| 1 |   |   |   |   |   |   | 4 |   |
|   |   | 4 |   |   |   | 9 |   |   |
|   | 3 |   |   |   |   |   |   | 8 |
| 8 |   |   |   | 9 |   |   |   | 4 |
|   |   |   |   |   | 1 |   |   | 5 |
| 7 | 4 | 9 | 3 |   |   | 1 |   | 6 |

Medium-Well

| 1 |   | 2 | 4 | 3 |   |   |   |   |
|---|---|---|---|---|---|---|---|---|
|   |   |   |   | 9 | 6 |   |   |   |
| 5 |   |   | 8 |   | 1 | 3 |   |   |
| 2 |   | 8 |   |   |   | 1 | 5 |   |
| 6 | 7 |   |   |   |   |   | 2 | 9 |
|   | 5 | 4 |   |   |   | 8 |   | 7 |
|   |   | 5 | 1 |   | 8 |   |   | 6 |
|   |   |   | 6 | 4 |   |   |   |   |
|   |   |   |   | 5 | 9 | 7 |   | 1 |

**105**

| | | | | | | | | |
|---|---|---|---|---|---|---|---|---|
| | 3 | | | | | | | |
| | 2 | | 6 | | | | 8 | 7 |
| | | 4 | 2 | | 1 | 5 | | |
| | | 9 | 4 | | 3 | 6 | 5 | |
| | | | | 9 | | | | |
| | 1 | 3 | 5 | | 2 | 8 | | |
| | | 8 | 3 | | 6 | 7 | | |
| 9 | 7 | | | | 8 | | 3 | |
| | | | | | | | 4 | |

Medium-Well

| | | | | | | | | |
|---|---|---|---|---|---|---|---|---|
| 8 | | | | | 9 | 2 | 4 | |
| | 7 | | 6 | 4 | | | | |
| | | 4 | | | 1 | | | 7 |
| 9 | | | | | | | | 1 |
| | 5 | | | 3 | | | 8 | |
| 4 | | | | | | | | 5 |
| 5 | | | 3 | | | 8 | | |
| | | | | 7 | 2 | | 5 | |
| | 4 | 3 | 1 | | | | | 9 |

| | | | | | | | | |
|---|---|---|---|---|---|---|---|---|
| | 4 | | | 5 | 7 | | 8 | |
| | 8 | | | | | | 5 | 4 |
| 9 | 2 | | | 4 | | 1 | | |
| 2 | | | | | | | 4 | |
| | | | 6 | | 4 | | | |
| | 9 | | | | | | | 3 |
| | | 1 | | 9 | | | 2 | 5 |
| 4 | 5 | | | | | | 7 | |
| | 3 | | 4 | 6 | | | 1 | |

Medium-Well

| | | | | | | | | 6 |
|---|---|---|---|---|---|---|---|---|
| 9 | | 5 | | 1 | | 3 | | 2 |
| | | | 2 | | | | 9 | |
| | | 3 | | 5 | 2 | 1 | | |
| | 9 | | 1 | | 4 | | 3 | |
| | | 2 | 6 | 3 | | 7 | | |
| | 8 | | | | 3 | | | |
| 3 | | 1 | | 2 | | 9 | | 5 |
| 2 | | | | | | | | |

| | | | | | | | | |
|---|---|---|---|---|---|---|---|---|
| | | | 1 | | 3 | | | 2 |
| | | 8 | | | | | | 9 |
| | 3 | | | | 6 | | 1 | |
| 2 | | | | 5 | | 3 | | 7 |
| | | | 2 | | 4 | | | |
| 9 | | 7 | | 6 | | | | 8 |
| | 1 | | 9 | | | | 8 | |
| 4 | | | | | | 7 | | |
| 7 | | | 6 | | 8 | | | |

Medium-Well

| | 6 | 3 | 9 | | | | | |
|---|---|---|---|---|---|---|---|---|
| 8 | | | 6 | | | | 5 | |
| 1 | | | | 3 | 4 | | | |
| 5 | 1 | | | | | 7 | | |
| | | 9 | | 7 | | 1 | | |
| | | 8 | | | | | 4 | 6 |
| | | | 2 | 8 | | | | 7 |
| | 4 | | | | 3 | | | 5 |
| | | | | | 1 | 2 | 9 | |

| | | | | | | | | |
|---|---|---|---|---|---|---|---|---|
| 8 | | | | | | | | 1 |
| | 1 | | 5 | | 2 | | 7 | |
| | 3 | | 6 | | 9 | | 4 | |
| | | 1 | 2 | | 4 | 7 | | |
| | | | | | | | | |
| | | 4 | 7 | | 8 | 2 | | |
| | 4 | | 9 | | 5 | | 8 | |
| | 7 | | 1 | | 3 | | 5 | |
| 5 | | | | | | | | 4 |

Medium-Well

| | | | 6 | | 2 | 4 | | |
|---|---|---|---|---|---|---|---|---|
| | 2 | 1 | 7 | | | | 3 | |
| 3 | | | | | | | 9 | |
| 9 | | | 4 | | 7 | | 6 | 5 |
| | | | | 9 | | | | |
| 7 | 4 | | 5 | | 8 | | | 3 |
| | 1 | | | | | | | 9 |
| | 3 | | | | 5 | 7 | 2 | |
| | | 5 | 9 | | 3 | | | |

| 5 | 8 |   | 9 |   |   |   | 3 | 4 |
|---|---|---|---|---|---|---|---|---|
| 4 |   |   | 8 | 2 |   |   |   | 1 |
|   |   |   |   | 1 |   |   |   |   |
|   |   |   |   |   |   |   | 2 | 7 |
|   | 3 | 8 |   |   |   | 5 | 1 |   |
| 7 | 5 |   |   |   |   |   |   |   |
|   |   |   |   | 6 |   |   |   |   |
| 6 |   |   |   | 8 | 9 |   |   | 5 |
| 8 | 7 |   |   |   | 5 |   | 6 | 3 |

Medium-Well

| | | | | | | | | |
|---|---|---|---|---|---|---|---|---|
| | 6 | | | | | 4 | 5 | |
| 3 | | | | | 5 | | | 6 |
| 1 | | | 8 | 4 | | | | |
| | 5 | | | 7 | | 8 | | |
| | | 7 | 5 | | 2 | 1 | | |
| | | 6 | | 8 | | | 7 | |
| | | | | 6 | 3 | | | 1 |
| 6 | | | 7 | | | | | 2 |
| | 3 | 9 | | | | | 8 | |

| | | | | | 5 | | 4 | 8 |
|---|---|---|---|---|---|---|---|---|
| 4 | | | 2 | | | | 5 | |
| | | | | | 6 | 1 | | |
| 9 | 4 | 6 | | | | 2 | | |
| 2 | 1 | | | | | | 3 | 7 |
| | | 7 | | | | 9 | 8 | 4 |
| | | 3 | 7 | | | | | |
| | 5 | | | | 1 | | | 2 |
| 6 | 2 | | 5 | | | | | |

Medium-Well

| | | | | | | | | |
|---|---|---|---|---|---|---|---|---|
| | 4 | 3 | | | 1 | | | |
| | | | | 9 | | | | 7 |
| | | 1 | 8 | | 5 | 2 | | 4 |
| 2 | | 4 | | | | 7 | | |
| | 5 | | | 8 | | | 9 | |
| | | 6 | | | | 8 | | 1 |
| 4 | | 5 | 7 | | 6 | 3 | | |
| 7 | | | | 5 | | | | |
| | | | 4 | | | 5 | 7 | |

| 7 |   |   | 9 |   | 8 |   | 1 |   |
|---|---|---|---|---|---|---|---|---|
|   |   | 1 |   |   |   |   |   | 6 |
|   | 2 |   |   |   | 1 | 5 |   |   |
| 8 |   |   |   |   | 7 | 6 |   | 5 |
|   |   |   |   | 6 |   |   |   |   |
| 3 |   | 6 | 4 |   |   |   |   | 8 |
|   |   | 9 | 2 |   |   |   | 3 |   |
| 2 |   |   |   |   |   | 7 |   |   |
|   | 7 |   | 3 |   | 4 |   |   | 2 |

Medium-Well

| | | | | 1 | 9 | 7 | | |
|---|---|---|---|---|---|---|---|---|
| | 3 | 9 | | | | | 2 | |
| 1 | | | 7 | | | | 8 | |
| 9 | | | | 6 | | 3 | | |
| 5 | | | 9 | | 4 | | | 1 |
| | | 1 | | 2 | | | | 7 |
| | 7 | | | | 8 | | | 3 |
| | 9 | | | | | 2 | 1 | |
| | | 6 | 2 | 9 | | | | |

| 1 |   | 7 | 4 |   |   |   |   | 3 |
|---|---|---|---|---|---|---|---|---|
|   |   |   |   | 2 |   |   |   |   |
|   |   | 4 | 8 |   |   | 1 |   | 7 |
|   |   |   |   |   |   | 5 |   | 6 |
|   | 3 |   |   | 5 |   |   | 4 |   |
| 4 |   | 9 |   |   |   |   |   |   |
| 6 |   | 2 |   |   | 7 | 9 |   |   |
|   |   |   |   | 1 |   |   |   |   |
| 7 |   |   |   |   | 8 | 4 |   | 2 |

Medium-Well

| | | | | 6 | 5 | | | 3 |
|---|---|---|---|---|---|---|---|---|
| 3 | | | | 9 | | | 7 | |
| | | | | | 3 | 9 | 4 | 2 |
| | | | | | | | 8 | 6 |
| | 6 | | | | | | 2 | |
| 4 | 9 | | | | | | | |
| 2 | 4 | 5 | 6 | | | | | |
| | 8 | | | 4 | | | | 7 |
| 6 | | | 5 | 3 | | | | |

| | | | | | | | | |
|---|---|---|---|---|---|---|---|---|
| 7 | | 4 | 3 | | | | 5 | |
| | | | | | | | | |
| | 2 | 8 | 1 | | | | | 7 |
| | | 2 | | 1 | | 9 | 7 | |
| 8 | | | | 2 | | | | 5 |
| | 6 | 9 | | 4 | | 2 | | |
| 1 | | | | | 6 | 7 | 8 | |
| | | | | | | | | |
| | 5 | | | | 4 | 6 | | 3 |

| | 2 | 6 | 5 | | | | | 3 |
|---|---|---|---|---|---|---|---|---|
| 1 | | | 4 | | 9 | 5 | | |
| 5 | | | | | 6 | | 4 | |
| 6 | 8 | | | | | 2 | 5 | |
| | | | | | | | | |
| | 1 | 9 | | | | | 8 | 4 |
| | 4 | | 3 | | | | | 8 |
| | | 1 | 9 | | 2 | | | 5 |
| 7 | | | | | 5 | 4 | 1 | |

Su Doku

| | | | | | | | | |
|---|---|---|---|---|---|---|---|---|
| | | | 8 | | 1 | | | |
| | 9 | | | 3 | | | 8 | |
| | | 1 | | 7 | | 6 | | |
| 4 | 1 | | | | | | 6 | 2 |
| 7 | | | 2 | 9 | 4 | | | 1 |
| 3 | 2 | | | | | | 7 | 9 |
| | | 7 | | 5 | | 3 | | |
| | 5 | | | 2 | | | 1 | |
| | | | 7 | | 9 | | | |

| | | | | 7 | 3 | | | 2 |
|---|---|---|---|---|---|---|---|---|
| | | 6 | 5 | 1 | | | | |
| | 9 | | 4 | | | 3 | | |
| | 8 | 1 | | | 4 | | | 9 |
| 5 | 7 | | | | | | 2 | 3 |
| 3 | | | 2 | | | 8 | 1 | |
| | | 8 | | | 1 | | 3 | |
| | | | | 9 | 5 | 2 | | |
| 9 | | | 3 | 4 | | | | |

## 125

| | | | | | | | | |
|---|---|---|---|---|---|---|---|---|
| 7 | 5 | 9 | | | | | | |
| | | 2 | 4 | | | 9 | | 6 |
| | 3 | | | | | | | |
| | 9 | | 6 | | | 8 | | |
| | 4 | 6 | 8 | | 1 | 7 | 5 | |
| | | 3 | | | 9 | | 1 | |
| | | | | | | | 7 | |
| 3 | | 8 | | | 6 | 1 | | |
| | | | | | | 3 | 6 | 2 |

| 3 |   |   |   | 4 | 1 |   |   | 5 |
|---|---|---|---|---|---|---|---|---|
|   |   | 8 |   | 3 |   |   |   |   |
|   | 5 | 4 | 8 |   |   |   |   |   |
|   |   | 5 | 7 |   |   |   |   | 1 |
| 1 | 8 |   |   | 9 |   |   | 2 | 4 |
| 7 |   |   |   |   | 3 | 5 |   |   |
|   |   |   |   |   | 2 | 1 | 7 |   |
|   |   |   |   | 7 |   | 2 |   |   |
| 2 |   |   | 1 | 5 |   |   |   | 8 |

| 7 |   |   |   |   |   | 2 |   | 5 |
|---|---|---|---|---|---|---|---|---|
|   |   | 1 |   |   | 5 |   | 8 |   |
|   |   |   |   | 2 |   | 4 | 9 |   |
|   | 1 |   | 2 |   |   |   |   |   |
| 5 |   | 4 |   |   |   | 1 |   | 9 |
|   |   |   |   |   | 8 |   | 6 |   |
|   | 4 | 5 |   | 7 |   |   |   |   |
|   | 7 |   | 6 |   |   | 8 |   |   |
| 6 |   | 8 |   |   |   |   |   | 1 |

Medium-Well

|   | 7 | 6 |   |   |   | 5 | 9 |   |
|---|---|---|---|---|---|---|---|---|
|   |   |   |   | 8 | 3 |   | 2 |   |
| 2 | 8 |   |   |   | 7 | 3 |   |   |
|   | 6 |   | 7 | 1 |   |   | 3 |   |
|   |   |   |   |   |   |   |   |   |
|   | 1 |   |   | 4 | 9 |   | 8 |   |
|   |   | 7 | 1 |   |   |   | 6 | 3 |
|   | 9 |   | 5 | 3 |   |   |   |   |
|   | 3 | 8 |   |   |   | 9 | 1 |   |

**129**

| | | | | | | | | |
|---|---|---|---|---|---|---|---|---|
| 9 | 3 | | | 2 | 5 | | | 4 |
| | | | | | | | | 3 |
| | | 8 | 7 | | | 1 | | |
| 7 | | | | 4 | | 8 | | |
| 4 | | | 8 | | 9 | | | 6 |
| | | 2 | | 7 | | | | 1 |
| | | 6 | | | 3 | 5 | | |
| 3 | | | | | | | | |
| 2 | | | 5 | 9 | | | 6 | 7 |

Medium-Well

| 6 |   | 5 | 3 | 2 |   |   |   | 1 |
|   |   |   |   |   | 4 |   |   |   |
|   |   | 2 |   | 1 |   | 8 |   | 6 |
|   | 2 |   |   |   |   |   |   | 9 |
| 8 |   | 7 |   | 3 |   | 4 |   | 2 |
| 4 |   |   |   |   |   |   | 3 |   |
| 1 |   | 4 |   | 7 |   | 5 |   |   |
|   |   |   | 9 |   |   |   |   |   |
| 2 |   |   |   | 4 | 1 | 6 |   | 8 |

| | | | | | | | | |
|---|---|---|---|---|---|---|---|---|
| | 5 | 4 | | | | 6 | 2 | |
| 9 | | | 4 | | 1 | | | 5 |
| | 1 | | | | | | 4 | |
| 4 | | | 6 | 7 | 8 | | | 3 |
| | | | | | | | | |
| 8 | | | 3 | 1 | 9 | | | 7 |
| | 4 | | | | | | 9 | |
| 6 | | | 5 | | 2 | | | 4 |
| | 7 | 2 | | | | 5 | 6 | |

| 7 |   |   |   |   |   | 9 |   | 2 |
|---|---|---|---|---|---|---|---|---|
|   | 2 | 6 |   |   |   | 3 | 4 |   |
| 1 | 3 |   | 4 |   |   |   | 6 |   |
|   |   |   |   | 5 |   | 8 |   |   |
|   |   |   | 6 | 9 | 4 |   |   |   |
|   |   | 1 |   | 3 |   |   |   |   |
|   | 1 |   |   |   | 5 |   | 3 | 8 |
|   | 5 | 7 |   |   |   | 1 | 2 |   |
| 2 |   | 4 |   |   |   |   |   | 7 |

| | 4 | | | | 8 | | 9 | |
|---|---|---|---|---|---|---|---|---|
| 8 | 5 | | | | 9 | | 4 | 1 |
| | | 7 | | | | 8 | | |
| 4 | 8 | | 9 | | 5 | | | |
| | | | | | | | | |
| | | | 4 | | 6 | | 8 | 3 |
| | | 3 | | | | 5 | | |
| 2 | 7 | | 5 | | | | 6 | 4 |
| | 6 | | 2 | | | | 1 | |

Medium-Well

| | | | | 5 | | | 6 | 7 |
|---|---|---|---|---|---|---|---|---|
| | 8 | 1 | | 3 | 7 | | | 9 |
| 5 | | | | | | 1 | | |
| 7 | 3 | 6 | | 4 | | | | |
| 2 | | | | | | | | 8 |
| | | | | 7 | | 6 | 2 | 3 |
| | | 9 | | | | | | 5 |
| 1 | | | 3 | 6 | | 9 | 4 | |
| 4 | 2 | | | 1 | | | | |

# 135

| | | | | | | | | |
|---|---|---|---|---|---|---|---|---|
| | | | | 6 | 7 | | 2 | 4 |
| 2 | | | | 1 | | 9 | 7 | |
| 7 | | | | | | | | 5 |
| | | | | | | 1 | | 7 |
| | | | 6 | | 2 | | | |
| 3 | | 8 | | | | | | |
| 5 | | | | | | | | 8 |
| | 4 | 1 | | 5 | | | | 6 |
| 8 | 6 | | 4 | 9 | | | | |

Medium-Well

| | | | | | | | | |
|---|---|---|---|---|---|---|---|---|
| | | 8 | 1 | | | | | |
| | 5 | 1 | | 4 | | | 6 | |
| | | | | 5 | 8 | | 4 | 2 |
| | | 9 | | | | | | 8 |
| | 4 | 3 | | 1 | | 9 | 5 | |
| 1 | | | | | | 2 | | |
| 7 | 1 | | 2 | 8 | | | | |
| | 9 | | | 6 | | 7 | 8 | |
| | | | | | 3 | 6 | | |

| | | | | | | | | |
|---|---|---|---|---|---|---|---|---|
| | | | | | 7 | 8 | 3 | |
| 3 | 2 | | | | | 9 | 7 | |
| 8 | 6 | | | 4 | | | | |
| 2 | | | | 1 | | | | |
| | | 3 | 4 | | 9 | 1 | | |
| | | | | 3 | | | | 5 |
| | | | | 7 | | | 4 | 1 |
| | 4 | 2 | | | | | 8 | 9 |
| | 7 | 1 | 8 | | | | | |

Medium-Well

| | | | | | | | | |
|---|---|---|---|---|---|---|---|---|
| | | 4 | | 3 | | 9 | | |
| | 3 | | 5 | | 8 | | 2 | |
| | | | | 1 | | | | |
| 4 | | 5 | | | | 1 | | 9 |
| | 6 | | 3 | | 4 | | 5 | |
| 2 | | 3 | | | | 4 | | 8 |
| | | | | 8 | | | | |
| | 2 | | 7 | | 5 | | 1 | |
| | | 8 | | 6 | | 7 | | |

| | | | | | | | | |
|---|---|---|---|---|---|---|---|---|
| | 6 | 9 | | 3 | | | | |
| 8 | | 1 | | 9 | | 5 | 3 | |
| | | 5 | | | 1 | | 9 | |
| | | | 3 | | | 6 | 7 | |
| | | | | 6 | | | | |
| | 5 | 7 | | | 4 | | | |
| | 1 | | 5 | | | 7 | | |
| | 3 | 6 | | 2 | | 1 | | 5 |
| | | | | 8 | | 3 | 4 | |

Medium-Well

| | | | | | 2 | 1 | 3 | |
|---|---|---|---|---|---|---|---|---|
| 8 | 7 | | 6 | | | | 4 | 9 |
| | | | 4 | | | | 6 | |
| 4 | | 8 | 1 | | | | 7 | |
| 6 | 9 | | | | | | 1 | 3 |
| | 3 | | | | 5 | 8 | | 4 |
| | 6 | | | | 7 | | | |
| 7 | 2 | | | | 1 | | 8 | 6 |
| | 8 | 4 | 3 | | | | | |

| 7 |   | 9 | 2 |   |   |   |   | 4 |
|---|---|---|---|---|---|---|---|---|
|   | 2 |   | 5 |   |   | 7 | 1 |   |
|   | 8 |   |   |   | 6 |   |   | 9 |
|   |   | 4 |   |   |   |   | 7 | 1 |
|   |   |   |   | 4 |   |   |   |   |
| 3 | 9 |   |   |   |   | 4 |   |   |
| 1 |   |   | 3 |   |   |   | 5 |   |
|   | 7 | 8 |   |   | 5 |   | 9 |   |
| 9 |   |   |   |   | 7 | 6 |   | 2 |

Medium-Well

| 9 |   |   | 2 |   | 4 |   |   | 8 |
|---|---|---|---|---|---|---|---|---|
|   |   | 3 | 6 | 8 | 7 | 2 |   |   |
|   | 2 |   |   |   |   |   | 3 |   |
|   |   |   | 4 |   | 9 |   |   |   |
| 3 |   | 9 |   |   |   | 7 |   | 1 |
|   |   |   | 3 |   | 2 |   |   |   |
|   | 7 |   |   |   |   |   | 6 |   |
|   |   | 5 | 7 | 4 | 6 | 1 |   |   |
| 6 |   |   | 5 |   | 8 |   |   | 7 |

| | | | | | | | | |
|---|---|---|---|---|---|---|---|---|
| | | | | | | 5 | 2 | |
| 5 | 9 | | | 8 | | 6 | 3 | |
| 6 | 2 | 4 | 5 | | | 9 | | |
| | | | 8 | | 5 | 3 | | |
| | 4 | | | | | | 5 | |
| | | 8 | 3 | | 7 | | | |
| | | 9 | | | 8 | 7 | 6 | 5 |
| | 6 | 5 | | 9 | | | 8 | 2 |
| | 7 | 2 | | | | | | |

| | | | | | | | | |
|---|---|---|---|---|---|---|---|---|
| 9 | | | | | 7 | | | |
| | | | 8 | | | | 3 | |
| 7 | 8 | | 5 | | 2 | | | |
| 1 | 3 | | 9 | | 8 | 6 | | |
| 8 | 9 | | | | | | 4 | 3 |
| | | 7 | 6 | | 4 | | 8 | 9 |
| | | | 2 | | 9 | | 6 | 8 |
| | 2 | | | | 1 | | | |
| | | | 4 | | | | | 2 |

| | | | | | | | | |
|---|---|---|---|---|---|---|---|---|
| | | | | | 5 | 7 | | |
| | 6 | 4 | | 7 | | | | |
| 5 | | | | 1 | | | 9 | |
| 8 | | | 2 | | 7 | 1 | | 9 |
| | | 9 | 1 | | 3 | 5 | | |
| 1 | | 3 | 5 | | 9 | | | 2 |
| | 9 | | | 3 | | | | 8 |
| | | | | 9 | | 6 | 1 | |
| | | 2 | 8 | | | | | |

Medium-Well

| 1 |   | 2 | 3 |   |   | 7 |   |   |
|---|---|---|---|---|---|---|---|---|
|   |   |   |   |   | 2 |   | 1 |   |
| 3 |   |   |   |   | 6 |   |   | 2 |
|   | 1 |   |   |   |   |   |   | 3 |
| 8 | 7 | 3 |   |   |   | 2 | 9 | 1 |
| 2 |   |   |   |   |   |   | 4 |   |
| 4 |   |   | 9 |   |   |   |   | 5 |
|   | 3 |   | 2 |   |   |   |   |   |
|   |   | 8 |   |   | 7 | 6 |   | 4 |

Su Doku

| | | | | | | | | |
|---|---|---|---|---|---|---|---|---|
| 1 | 7 | | 3 | | 8 | | 9 | 5 |
| 9 | | | 5 | | 4 | | | 1 |
| | 5 | | | | | | 7 | |
| 6 | | | | 1 | | | | 7 |
| | 8 | | | | | | 4 | |
| 5 | | | | 8 | | | | 9 |
| | 1 | | | | | | 5 | |
| 3 | | | 8 | | 9 | | | 4 |
| 4 | 9 | | 1 | | 3 | | 2 | 6 |

| | 7 | | 1 | | | 3 | | 2 |
|---|---|---|---|---|---|---|---|---|
| | | | | 7 | | | | |
| 2 | | | 8 | | 9 | | | 7 |
| | | 2 | | | | 7 | | |
| 1 | 3 | | 7 | | 4 | | 5 | 9 |
| | | 7 | | | | 4 | | |
| 8 | | | 6 | | 2 | | | 4 |
| | | | | 5 | | | | |
| 6 | | 5 | | | 7 | | 1 | |

| | | | | | | | | |
|---|---|---|---|---|---|---|---|---|
| | 8 | | 6 | | | 1 | | |
| 4 | | | | | | 9 | | |
| | | 7 | | | 4 | | 3 | 8 |
| 3 | | | 1 | | | 2 | | |
| | | | | | | | | |
| | | 6 | | | 5 | | | 9 |
| 5 | 4 | | 2 | | | 7 | | |
| | | 3 | | | | | | 4 |
| | | 2 | | | 7 | | 6 | |

| | 3 | | | | 4 | | | |
|---|---|---|---|---|---|---|---|---|
| 2 | | | 6 | | 8 | | | 3 |
| | | 8 | 7 | 1 | | 6 | | |
| | 2 | | | | | | | |
| | 5 | 6 | | | | 7 | 3 | |
| | | | | | | | 1 | |
| | | 1 | | 7 | 5 | 4 | | |
| 3 | | | 2 | | 6 | | | 5 |
| | | | 8 | | | | 6 | |

# Solutions

1

| 8 | 4 | 7 | 5 | 1 | 9 | 3 | 6 | 2 |
| 2 | 9 | 6 | 7 | 8 | 3 | 4 | 1 | 5 |
| 5 | 1 | 3 | 4 | 6 | 2 | 8 | 9 | 7 |
| 9 | 7 | 8 | 3 | 4 | 6 | 5 | 2 | 1 |
| 6 | 2 | 5 | 1 | 7 | 8 | 9 | 4 | 3 |
| 1 | 3 | 4 | 9 | 2 | 5 | 6 | 7 | 8 |
| 7 | 5 | 2 | 6 | 3 | 4 | 1 | 8 | 9 |
| 4 | 8 | 9 | 2 | 5 | 1 | 7 | 3 | 6 |
| 3 | 6 | 1 | 8 | 9 | 7 | 2 | 5 | 4 |

2

| 1 | 3 | 8 | 6 | 4 | 9 | 5 | 2 | 7 |
| 2 | 7 | 5 | 8 | 3 | 1 | 4 | 9 | 6 |
| 4 | 6 | 9 | 2 | 7 | 5 | 1 | 3 | 8 |
| 7 | 2 | 4 | 3 | 5 | 6 | 9 | 8 | 1 |
| 5 | 1 | 6 | 7 | 9 | 8 | 3 | 4 | 2 |
| 8 | 9 | 3 | 4 | 1 | 2 | 6 | 7 | 5 |
| 3 | 8 | 1 | 5 | 2 | 4 | 7 | 6 | 9 |
| 6 | 5 | 7 | 9 | 8 | 3 | 2 | 1 | 4 |
| 9 | 4 | 2 | 1 | 6 | 7 | 8 | 5 | 3 |

3

| 9 | 3 | 2 | 5 | 8 | 6 | 1 | 7 | 4 |
|---|---|---|---|---|---|---|---|---|
| 4 | 1 | 6 | 9 | 2 | 7 | 8 | 5 | 3 |
| 7 | 5 | 8 | 4 | 1 | 3 | 6 | 9 | 2 |
| 1 | 2 | 4 | 8 | 6 | 9 | 5 | 3 | 7 |
| 5 | 6 | 7 | 2 | 3 | 1 | 9 | 4 | 8 |
| 3 | 8 | 9 | 7 | 5 | 4 | 2 | 1 | 6 |
| 2 | 4 | 5 | 3 | 9 | 8 | 7 | 6 | 1 |
| 8 | 7 | 1 | 6 | 4 | 5 | 3 | 2 | 9 |
| 6 | 9 | 3 | 1 | 7 | 2 | 4 | 8 | 5 |

4

| 7 | 2 | 3 | 5 | 6 | 4 | 1 | 8 | 9 |
|---|---|---|---|---|---|---|---|---|
| 4 | 8 | 1 | 9 | 2 | 7 | 5 | 3 | 6 |
| 5 | 6 | 9 | 1 | 8 | 3 | 7 | 2 | 4 |
| 2 | 7 | 4 | 3 | 1 | 6 | 8 | 9 | 5 |
| 9 | 5 | 8 | 4 | 7 | 2 | 3 | 6 | 1 |
| 3 | 1 | 6 | 8 | 5 | 9 | 4 | 7 | 2 |
| 8 | 4 | 7 | 6 | 9 | 1 | 2 | 5 | 3 |
| 6 | 3 | 5 | 2 | 4 | 8 | 9 | 1 | 7 |
| 1 | 9 | 2 | 7 | 3 | 5 | 6 | 4 | 8 |

**5**

| 2 | 3 | 4 | 6 | 5 | 9 | 7 | 1 | 8 |
|---|---|---|---|---|---|---|---|---|
| 8 | 7 | 9 | 3 | 4 | 1 | 6 | 5 | 2 |
| 5 | 6 | 1 | 2 | 7 | 8 | 4 | 9 | 3 |
| 9 | 5 | 6 | 1 | 2 | 7 | 3 | 8 | 4 |
| 1 | 2 | 8 | 9 | 3 | 4 | 5 | 7 | 6 |
| 7 | 4 | 3 | 8 | 6 | 5 | 9 | 2 | 1 |
| 3 | 1 | 5 | 7 | 8 | 6 | 2 | 4 | 9 |
| 4 | 8 | 2 | 5 | 9 | 3 | 1 | 6 | 7 |
| 6 | 9 | 7 | 4 | 1 | 2 | 8 | 3 | 5 |

**6**

| 6 | 7 | 9 | 3 | 8 | 2 | 5 | 4 | 1 |
|---|---|---|---|---|---|---|---|---|
| 2 | 4 | 3 | 6 | 1 | 5 | 8 | 7 | 9 |
| 5 | 8 | 1 | 7 | 9 | 4 | 2 | 3 | 6 |
| 8 | 9 | 4 | 5 | 3 | 1 | 6 | 2 | 7 |
| 3 | 6 | 5 | 9 | 2 | 7 | 4 | 1 | 8 |
| 7 | 1 | 2 | 8 | 4 | 6 | 3 | 9 | 5 |
| 4 | 2 | 7 | 1 | 6 | 8 | 9 | 5 | 3 |
| 9 | 5 | 6 | 4 | 7 | 3 | 1 | 8 | 2 |
| 1 | 3 | 8 | 2 | 5 | 9 | 7 | 6 | 4 |

7

| 5 | 4 | 3 | 2 | 9 | 8 | 7 | 6 | 1 |
| 9 | 2 | 1 | 5 | 6 | 7 | 4 | 8 | 3 |
| 7 | 8 | 6 | 4 | 1 | 3 | 9 | 2 | 5 |
| 3 | 7 | 4 | 6 | 5 | 1 | 2 | 9 | 8 |
| 2 | 1 | 9 | 8 | 7 | 4 | 5 | 3 | 6 |
| 8 | 6 | 5 | 3 | 2 | 9 | 1 | 7 | 4 |
| 1 | 5 | 7 | 9 | 8 | 6 | 3 | 4 | 2 |
| 6 | 3 | 2 | 7 | 4 | 5 | 8 | 1 | 9 |
| 4 | 9 | 8 | 1 | 3 | 2 | 6 | 5 | 7 |

8

| 6 | 5 | 9 | 1 | 2 | 3 | 7 | 8 | 4 |
| 4 | 1 | 7 | 8 | 6 | 9 | 2 | 5 | 3 |
| 8 | 3 | 2 | 4 | 5 | 7 | 9 | 1 | 6 |
| 7 | 6 | 1 | 3 | 9 | 8 | 5 | 4 | 2 |
| 2 | 8 | 4 | 6 | 7 | 5 | 3 | 9 | 1 |
| 3 | 9 | 5 | 2 | 1 | 4 | 8 | 6 | 7 |
| 9 | 4 | 8 | 7 | 3 | 6 | 1 | 2 | 5 |
| 5 | 2 | 3 | 9 | 4 | 1 | 6 | 7 | 8 |
| 1 | 7 | 6 | 5 | 8 | 2 | 4 | 3 | 9 |

**9**

| 5 | 6 | 2 | 9 | 3 | 8 | 1 | 4 | 7 |
|---|---|---|---|---|---|---|---|---|
| 3 | 9 | 7 | 2 | 1 | 4 | 6 | 8 | 5 |
| 8 | 1 | 4 | 7 | 5 | 6 | 2 | 3 | 9 |
| 6 | 8 | 5 | 1 | 2 | 7 | 3 | 9 | 4 |
| 7 | 4 | 9 | 3 | 6 | 5 | 8 | 1 | 2 |
| 2 | 3 | 1 | 4 | 8 | 9 | 7 | 5 | 6 |
| 4 | 5 | 3 | 8 | 7 | 2 | 9 | 6 | 1 |
| 1 | 2 | 6 | 5 | 9 | 3 | 4 | 7 | 8 |
| 9 | 7 | 8 | 6 | 4 | 1 | 5 | 2 | 3 |

**10**

| 5 | 3 | 7 | 6 | 1 | 9 | 2 | 4 | 8 |
|---|---|---|---|---|---|---|---|---|
| 9 | 1 | 6 | 4 | 8 | 2 | 5 | 7 | 3 |
| 2 | 4 | 8 | 5 | 7 | 3 | 9 | 6 | 1 |
| 1 | 2 | 3 | 9 | 4 | 8 | 7 | 5 | 6 |
| 8 | 7 | 9 | 2 | 5 | 6 | 3 | 1 | 4 |
| 6 | 5 | 4 | 7 | 3 | 1 | 8 | 9 | 2 |
| 3 | 8 | 5 | 1 | 9 | 4 | 6 | 2 | 7 |
| 7 | 6 | 1 | 3 | 2 | 5 | 4 | 8 | 9 |
| 4 | 9 | 2 | 8 | 6 | 7 | 1 | 3 | 5 |

11

| 4 | 6 | 3 | 2 | 1 | 7 | 8 | 9 | 5 |
| 8 | 2 | 1 | 5 | 4 | 9 | 7 | 3 | 6 |
| 7 | 5 | 9 | 6 | 3 | 8 | 4 | 1 | 2 |
| 6 | 4 | 7 | 3 | 2 | 5 | 9 | 8 | 1 |
| 3 | 9 | 8 | 7 | 6 | 1 | 5 | 2 | 4 |
| 5 | 1 | 2 | 8 | 9 | 4 | 6 | 7 | 3 |
| 2 | 7 | 4 | 9 | 5 | 3 | 1 | 6 | 8 |
| 1 | 8 | 6 | 4 | 7 | 2 | 3 | 5 | 9 |
| 9 | 3 | 5 | 1 | 8 | 6 | 2 | 4 | 7 |

12

| 4 | 2 | 5 | 7 | 3 | 8 | 6 | 1 | 9 |
| 7 | 9 | 1 | 5 | 6 | 2 | 3 | 8 | 4 |
| 3 | 8 | 6 | 1 | 9 | 4 | 5 | 7 | 2 |
| 6 | 3 | 9 | 4 | 8 | 1 | 7 | 2 | 5 |
| 1 | 4 | 7 | 9 | 2 | 5 | 8 | 3 | 6 |
| 8 | 5 | 2 | 6 | 7 | 3 | 9 | 4 | 1 |
| 9 | 7 | 3 | 2 | 4 | 6 | 1 | 5 | 8 |
| 5 | 6 | 4 | 8 | 1 | 7 | 2 | 9 | 3 |
| 2 | 1 | 8 | 3 | 5 | 9 | 4 | 6 | 7 |

**13**

| 8 | 4 | 2 | 1 | 5 | 3 | 9 | 6 | 7 |
|---|---|---|---|---|---|---|---|---|
| 1 | 9 | 6 | 8 | 2 | 7 | 5 | 3 | 4 |
| 7 | 3 | 5 | 9 | 4 | 6 | 8 | 2 | 1 |
| 9 | 1 | 7 | 2 | 3 | 8 | 4 | 5 | 6 |
| 2 | 5 | 8 | 4 | 6 | 1 | 3 | 7 | 9 |
| 3 | 6 | 4 | 7 | 9 | 5 | 2 | 1 | 8 |
| 6 | 2 | 9 | 3 | 1 | 4 | 7 | 8 | 5 |
| 5 | 7 | 3 | 6 | 8 | 9 | 1 | 4 | 2 |
| 4 | 8 | 1 | 5 | 7 | 2 | 6 | 9 | 3 |

**14**

| 8 | 5 | 3 | 6 | 7 | 2 | 4 | 1 | 9 |
|---|---|---|---|---|---|---|---|---|
| 6 | 4 | 1 | 9 | 8 | 5 | 3 | 7 | 2 |
| 7 | 2 | 9 | 4 | 3 | 1 | 5 | 8 | 6 |
| 3 | 6 | 5 | 8 | 2 | 4 | 1 | 9 | 7 |
| 9 | 7 | 4 | 5 | 1 | 6 | 2 | 3 | 8 |
| 1 | 8 | 2 | 3 | 9 | 7 | 6 | 4 | 5 |
| 4 | 9 | 7 | 2 | 5 | 3 | 8 | 6 | 1 |
| 2 | 3 | 8 | 1 | 6 | 9 | 7 | 5 | 4 |
| 5 | 1 | 6 | 7 | 4 | 8 | 9 | 2 | 3 |

**15**

| 9 | 1 | 7 | 2 | 3 | 5 | 6 | 8 | 4 |
|---|---|---|---|---|---|---|---|---|
| 4 | 6 | 8 | 7 | 9 | 1 | 2 | 5 | 3 |
| 2 | 3 | 5 | 4 | 8 | 6 | 7 | 9 | 1 |
| 6 | 4 | 2 | 5 | 1 | 7 | 9 | 3 | 8 |
| 1 | 8 | 3 | 9 | 2 | 4 | 5 | 7 | 6 |
| 7 | 5 | 9 | 3 | 6 | 8 | 4 | 1 | 2 |
| 5 | 7 | 1 | 8 | 4 | 2 | 3 | 6 | 9 |
| 3 | 2 | 6 | 1 | 5 | 9 | 8 | 4 | 7 |
| 8 | 9 | 4 | 6 | 7 | 3 | 1 | 2 | 5 |

**16**

| 5 | 4 | 2 | 8 | 7 | 1 | 6 | 9 | 3 |
|---|---|---|---|---|---|---|---|---|
| 8 | 9 | 1 | 4 | 3 | 6 | 7 | 2 | 5 |
| 6 | 3 | 7 | 9 | 2 | 5 | 4 | 1 | 8 |
| 7 | 6 | 4 | 5 | 9 | 8 | 1 | 3 | 2 |
| 9 | 1 | 5 | 3 | 6 | 2 | 8 | 4 | 7 |
| 3 | 2 | 8 | 7 | 1 | 4 | 5 | 6 | 9 |
| 1 | 8 | 9 | 2 | 4 | 7 | 3 | 5 | 6 |
| 4 | 5 | 3 | 6 | 8 | 9 | 2 | 7 | 1 |
| 2 | 7 | 6 | 1 | 5 | 3 | 9 | 8 | 4 |

17

| | | | | | | | | |
|---|---|---|---|---|---|---|---|---|
| **6** | 3 | **8** | 1 | 7 | **5** | 4 | 9 | **2** |
| 9 | 2 | 5 | 8 | 4 | **6** | **1** | 3 | **7** |
| 1 | **7** | **4** | 3 | 2 | 9 | 6 | **5** | 8 |
| 4 | 8 | **3** | 2 | 9 | 1 | 7 | 6 | 5 |
| **5** | 6 | 2 | **7** | 3 | **8** | 9 | 1 | **4** |
| 7 | 1 | 9 | 5 | 6 | 4 | **8** | 2 | 3 |
| 3 | **5** | 6 | 4 | 1 | 7 | **2** | **8** | 9 |
| **2** | 9 | **7** | **6** | 8 | 3 | 5 | 4 | 1 |
| **8** | 4 | 1 | **9** | 5 | 2 | **3** | 7 | **6** |

18

| | | | | | | | | |
|---|---|---|---|---|---|---|---|---|
| 5 | 4 | 3 | 6 | **1** | 8 | 7 | 9 | 2 |
| 1 | 2 | **8** | 4 | 9 | 7 | **3** | 6 | 5 |
| 6 | **7** | 9 | **2** | **5** | **3** | 8 | **1** | 4 |
| **8** | **5** | 4 | 3 | 2 | 6 | 1 | **7** | **9** |
| 7 | **1** | **2** | 9 | **8** | 4 | **5** | **3** | 6 |
| **3** | **9** | 6 | 5 | 7 | 1 | 2 | **4** | **8** |
| 9 | **6** | 5 | **7** | **3** | **2** | 4 | **8** | 1 |
| 4 | 3 | **1** | 8 | 6 | 5 | **9** | 2 | 7 |
| 2 | 8 | 7 | 1 | **4** | 9 | 6 | 5 | 3 |

19

| | | | | | | | | |
|---|---|---|---|---|---|---|---|---|
| 5 | **8** | 4 | 7 | 2 | 3 | 9 | **1** | 6 |
| 6 | **3** | 2 | **8** | **9** | **1** | 5 | **7** | 4 |
| 7 | 1 | 9 | **5** | 6 | **4** | 3 | 2 | 8 |
| 1 | 5 | **6** | **2** | 8 | **7** | **4** | 9 | 3 |
| **4** | **7** | 8 | 1 | **3** | 9 | 2 | **6** | **5** |
| 9 | 2 | **3** | **6** | 4 | **5** | **7** | 8 | 1 |
| 3 | 6 | 7 | **4** | 1 | **2** | 8 | 5 | 9 |
| 2 | **9** | 1 | **3** | **5** | **8** | 6 | **4** | 7 |
| 8 | **4** | 5 | 9 | 7 | 6 | 1 | **3** | 2 |

20

| | | | | | | | | |
|---|---|---|---|---|---|---|---|---|
| 4 | **1** | 9 | 6 | **7** | 5 | 8 | 2 | **3** |
| 8 | 7 | **2** | **4** | 9 | 3 | 1 | 6 | 5 |
| 5 | 3 | 6 | 1 | 2 | 8 | **9** | **4** | **7** |
| **3** | **9** | 1 | 5 | **8** | 2 | 4 | 7 | 6 |
| **6** | **8** | 7 | 3 | 4 | 9 | 2 | **5** | **1** |
| 2 | 5 | 4 | 7 | **1** | 6 | 3 | **8** | **9** |
| **7** | **4** | **8** | 9 | 6 | 1 | 5 | 3 | 2 |
| 1 | 2 | 3 | 8 | 5 | **7** | **6** | 9 | 4 |
| **9** | 6 | 5 | 2 | **3** | 4 | 7 | **1** | 8 |

**21**

| 6 | 7 | 8 | 2 | 4 | 1 | 5 | 9 | 3 |
|---|---|---|---|---|---|---|---|---|
| 4 | 2 | 5 | 6 | 9 | 3 | 1 | 7 | 8 |
| 1 | 9 | 3 | 8 | 7 | 5 | 6 | 4 | 2 |
| 5 | 8 | 2 | 4 | 3 | 6 | 9 | 1 | 7 |
| 9 | 6 | 4 | 1 | 2 | 7 | 3 | 8 | 5 |
| 7 | 3 | 1 | 9 | 5 | 8 | 2 | 6 | 4 |
| 3 | 5 | 6 | 7 | 1 | 4 | 8 | 2 | 9 |
| 8 | 4 | 9 | 3 | 6 | 2 | 7 | 5 | 1 |
| 2 | 1 | 7 | 5 | 8 | 9 | 4 | 3 | 6 |

**22**

| 9 | 4 | 8 | 5 | 2 | 6 | 3 | 7 | 1 |
|---|---|---|---|---|---|---|---|---|
| 5 | 2 | 7 | 3 | 9 | 1 | 8 | 6 | 4 |
| 3 | 6 | 1 | 7 | 4 | 8 | 9 | 2 | 5 |
| 2 | 3 | 5 | 1 | 6 | 9 | 4 | 8 | 7 |
| 4 | 8 | 6 | 2 | 7 | 5 | 1 | 9 | 3 |
| 1 | 7 | 9 | 8 | 3 | 4 | 6 | 5 | 2 |
| 6 | 5 | 4 | 9 | 1 | 2 | 7 | 3 | 8 |
| 8 | 9 | 3 | 4 | 5 | 7 | 2 | 1 | 6 |
| 7 | 1 | 2 | 6 | 8 | 3 | 5 | 4 | 9 |

23

| | | | | | | | | |
|---|---|---|---|---|---|---|---|---|
| 6 | **4** | **8** | **7** | 3 | **5** | 1 | **2** | 9 |
| 2 | 7 | **5** | 9 | **8** | **1** | 4 | 6 | 3 |
| **9** | **3** | 1 | 6 | 4 | 2 | 5 | 7 | 8 |
| **4** | **8** | 9 | 1 | 2 | **7** | 3 | 5 | 6 |
| 3 | 5 | 7 | 4 | **6** | 9 | 8 | 1 | 2 |
| 1 | 6 | 2 | **3** | 5 | 8 | 7 | **9** | **4** |
| 5 | 2 | 3 | 8 | 1 | 6 | 9 | **4** | **7** |
| 7 | 1 | 4 | **2** | **9** | 3 | **6** | 8 | 5 |
| 8 | **9** | 6 | **5** | 7 | **4** | **2** | **3** | 1 |

24

| | | | | | | | | |
|---|---|---|---|---|---|---|---|---|
| 9 | 5 | 7 | 1 | 6 | 2 | 8 | **3** | **4** |
| 4 | **8** | **3** | 5 | **9** | **7** | 6 | 2 | 1 |
| 6 | 2 | 1 | 4 | **8** | **3** | 9 | 7 | **5** |
| 8 | 4 | 2 | 3 | 1 | 6 | **7** | 5 | **9** |
| 7 | **1** | 5 | **8** | 4 | **9** | 2 | **6** | 3 |
| **3** | 9 | **6** | 7 | 2 | 5 | 1 | 4 | 8 |
| **1** | 6 | 9 | **2** | **3** | 4 | 5 | 8 | 7 |
| 5 | 3 | 8 | **6** | **7** | 1 | **4** | **9** | 2 |
| **2** | **7** | 4 | 9 | 5 | 8 | 3 | 1 | 6 |

25

| | | | | | | | | |
|---|---|---|---|---|---|---|---|---|
| 5 | **6** | **8** | 7 | 3 | **1** | 2 | 9 | 4 |
| 2 | 1 | 3 | **6** | 4 | **9** | 7 | 8 | **5** |
| 4 | 9 | **7** | 2 | **5** | 8 | **6** | 3 | **1** |
| **1** | **4** | 2 | 5 | 9 | 3 | 8 | **7** | 6 |
| 7 | 3 | **5** | 8 | **6** | 4 | **9** | 1 | 2 |
| 9 | **8** | 6 | 1 | 7 | 2 | 5 | **4** | **3** |
| **8** | 7 | **1** | 3 | **2** | 6 | **4** | 5 | 9 |
| **6** | 5 | 9 | **4** | 1 | **7** | 3 | 2 | 8 |
| 3 | 2 | 4 | **9** | 8 | 5 | **1** | **6** | 7 |

26

| | | | | | | | | |
|---|---|---|---|---|---|---|---|---|
| **5** | 8 | 3 | 7 | **6** | 4 | 2 | 1 | **9** |
| 4 | **2** | 7 | 1 | **5** | 9 | 6 | **3** | 8 |
| **9** | **6** | 1 | **3** | 2 | **8** | 7 | **4** | **5** |
| **7** | 5 | **4** | 9 | 1 | 2 | **3** | 8 | **6** |
| 3 | **1** | 2 | 5 | 8 | 6 | 9 | **7** | 4 |
| **6** | 9 | **8** | 4 | 7 | 3 | **5** | 2 | **1** |
| **1** | **7** | 9 | **2** | 4 | **5** | 8 | **6** | **3** |
| 2 | **3** | 6 | 8 | **9** | 1 | 4 | **5** | 7 |
| **8** | 4 | 5 | 6 | **3** | 7 | 1 | 9 | **2** |

27

| | | | | | | | | |
|---|---|---|---|---|---|---|---|---|
| 9 | 1 | 8 | **2** | 5 | 7 | 6 | **4** | **3** |
| 4 | 6 | **5** | **9** | **3** | 8 | **2** | **7** | 1 |
| 3 | 2 | 7 | 1 | **6** | 4 | 8 | 9 | **5** |
| **8** | 9 | **3** | 7 | 1 | 6 | 5 | **2** | **4** |
| 5 | 7 | 6 | 3 | 4 | 2 | 1 | 8 | 9 |
| **1** | **4** | 2 | 8 | 9 | 5 | **3** | 6 | **7** |
| **7** | 3 | 9 | 6 | **8** | 1 | 4 | 5 | 2 |
| 2 | **8** | **4** | 5 | **7** | **3** | **9** | 1 | 6 |
| **6** | **5** | 1 | 4 | 2 | **9** | 7 | 3 | 8 |

28

| | | | | | | | | |
|---|---|---|---|---|---|---|---|---|
| 5 | 7 | 4 | **9** | 8 | 6 | 2 | **3** | 1 |
| 2 | 9 | 8 | 1 | **3** | 7 | 6 | **5** | 4 |
| 6 | 1 | **3** | **2** | 5 | 4 | **8** | **9** | **7** |
| **7** | 3 | 6 | 4 | 2 | 1 | **9** | 8 | 5 |
| 9 | **8** | 1 | **6** | **7** | **5** | 4 | **2** | 3 |
| 4 | 2 | **5** | 8 | 9 | 3 | 7 | 1 | **6** |
| **3** | **6** | **9** | 5 | 4 | **8** | **1** | 7 | 2 |
| 8 | **4** | 7 | 3 | **1** | 2 | 5 | 6 | 9 |
| 1 | **5** | 2 | 7 | 6 | **9** | 3 | 4 | 8 |

**29**

| 8 | 1 | 3 | 7 | 4 | 9 | 2 | 5 | 6 |
| 5 | 4 | 9 | 2 | 1 | 6 | 7 | 8 | 3 |
| 7 | 6 | 2 | 5 | 8 | 3 | 9 | 4 | 1 |
| 9 | 7 | 4 | 1 | 6 | 8 | 3 | 2 | 5 |
| 2 | 3 | 8 | 4 | 7 | 5 | 1 | 6 | 9 |
| 6 | 5 | 1 | 3 | 9 | 2 | 4 | 7 | 8 |
| 4 | 9 | 7 | 8 | 5 | 1 | 6 | 3 | 2 |
| 1 | 2 | 5 | 6 | 3 | 4 | 8 | 9 | 7 |
| 3 | 8 | 6 | 9 | 2 | 7 | 5 | 1 | 4 |

**30**

| 2 | 1 | 9 | 5 | 8 | 4 | 6 | 7 | 3 |
| 5 | 6 | 3 | 2 | 9 | 7 | 8 | 1 | 4 |
| 7 | 4 | 8 | 3 | 1 | 6 | 5 | 2 | 9 |
| 3 | 5 | 4 | 6 | 7 | 9 | 2 | 8 | 1 |
| 1 | 8 | 6 | 4 | 2 | 3 | 9 | 5 | 7 |
| 9 | 2 | 7 | 1 | 5 | 8 | 4 | 3 | 6 |
| 6 | 3 | 2 | 7 | 4 | 5 | 1 | 9 | 8 |
| 8 | 7 | 1 | 9 | 6 | 2 | 3 | 4 | 5 |
| 4 | 9 | 5 | 8 | 3 | 1 | 7 | 6 | 2 |

31

| | | | | | | | | |
|---|---|---|---|---|---|---|---|---|
| **5** | 6 | 8 | **1** | 2 | **4** | 3 | 7 | 9 |
| **1** | 9 | 4 | 5 | **7** | **3** | 2 | 6 | 8 |
| **2** | 3 | 7 | 8 | 9 | **6** | **5** | 1 | 4 |
| 7 | **4** | **3** | 2 | 8 | 9 | 6 | 5 | 1 |
| 9 | **8** | **1** | 7 | 6 | 5 | **4** | **3** | 2 |
| 6 | 5 | 2 | 4 | 3 | 1 | **9** | **8** | 7 |
| 3 | 1 | **5** | **9** | 4 | 7 | 8 | 2 | **6** |
| 8 | 7 | 9 | **6** | **5** | 2 | 1 | 4 | **3** |
| 4 | 2 | 6 | **3** | 1 | **8** | 7 | 9 | **5** |

32

| | | | | | | | | |
|---|---|---|---|---|---|---|---|---|
| **5** | 8 | 2 | 3 | 6 | **7** | 1 | **4** | **9** |
| 4 | 3 | **6** | **9** | 1 | 2 | 5 | **7** | **8** |
| 9 | **7** | 1 | **8** | 5 | 4 | **2** | 3 | 6 |
| 8 | **1** | **4** | 6 | 2 | 5 | 7 | 9 | **3** |
| 2 | 6 | 7 | 4 | **9** | 3 | 8 | 5 | 1 |
| **3** | 9 | 5 | 7 | 8 | 1 | **4** | **6** | 2 |
| 6 | 4 | **3** | 1 | 7 | **8** | 9 | **2** | 5 |
| **1** | **5** | 9 | 2 | 4 | **6** | **3** | 8 | 7 |
| **7** | **2** | 8 | **5** | 3 | 9 | 6 | 1 | **4** |

33

| 6 | 7 | 9 | 4 | 1 | 8 | 3 | 5 | 2 |
| 2 | 5 | 1 | 7 | 3 | 6 | 8 | 4 | 9 |
| 4 | 3 | 8 | 5 | 2 | 9 | 1 | 6 | 7 |
| 7 | 8 | 3 | 6 | 9 | 2 | 4 | 1 | 5 |
| 5 | 2 | 6 | 1 | 7 | 4 | 9 | 8 | 3 |
| 1 | 9 | 4 | 8 | 5 | 3 | 7 | 2 | 6 |
| 9 | 1 | 5 | 2 | 8 | 7 | 6 | 3 | 4 |
| 3 | 6 | 2 | 9 | 4 | 1 | 5 | 7 | 8 |
| 8 | 4 | 7 | 3 | 6 | 5 | 2 | 9 | 1 |

34

| 8 | 1 | 4 | 9 | 5 | 3 | 7 | 2 | 6 |
| 2 | 7 | 3 | 6 | 4 | 8 | 1 | 9 | 5 |
| 9 | 5 | 6 | 1 | 2 | 7 | 3 | 8 | 4 |
| 5 | 6 | 8 | 4 | 3 | 1 | 9 | 7 | 2 |
| 4 | 9 | 2 | 7 | 8 | 5 | 6 | 1 | 3 |
| 7 | 3 | 1 | 2 | 9 | 6 | 4 | 5 | 8 |
| 1 | 4 | 5 | 3 | 7 | 2 | 8 | 6 | 9 |
| 3 | 8 | 7 | 5 | 6 | 9 | 2 | 4 | 1 |
| 6 | 2 | 9 | 8 | 1 | 4 | 5 | 3 | 7 |

35

| | | | | | | | | |
|---|---|---|---|---|---|---|---|---|
| **6** | 5 | **1** | **4** | 2 | **8** | **7** | 9 | **3** |
| 4 | **2** | **7** | 3 | 6 | 9 | **1** | **5** | 8 |
| 3 | 8 | 9 | 5 | 1 | 7 | 4 | 6 | 2 |
| 2 | 4 | **6** | **9** | 5 | **3** | **8** | 7 | 1 |
| 1 | **7** | 5 | 8 | 4 | 2 | 9 | **3** | 6 |
| 9 | 3 | **8** | **1** | 7 | **6** | **2** | 4 | 5 |
| 8 | 6 | 4 | 7 | 3 | 1 | 5 | 2 | 9 |
| 5 | **9** | **2** | 6 | 8 | 4 | **3** | **1** | 7 |
| **7** | 1 | **3** | **2** | 9 | **5** | **6** | 8 | **4** |

36

| | | | | | | | | |
|---|---|---|---|---|---|---|---|---|
| 4 | **9** | 2 | **5** | 8 | 3 | **6** | 1 | 7 |
| 8 | 1 | 7 | **4** | **9** | 6 | 5 | 3 | **2** |
| **3** | 5 | 6 | 2 | **7** | **1** | 9 | 4 | 8 |
| 9 | 7 | **5** | 8 | 6 | 4 | 1 | **2** | **3** |
| 6 | **8** | **1** | 3 | 2 | 9 | **7** | **5** | 4 |
| **2** | **3** | 4 | 1 | 5 | 7 | **8** | 9 | 6 |
| 5 | 2 | 9 | **6** | **3** | 8 | 4 | 7 | **1** |
| **1** | 6 | 3 | 7 | **4** | **5** | 2 | 8 | 9 |
| 7 | 4 | **8** | 9 | 1 | **2** | 3 | **6** | 5 |

37

| | | | | | | | | |
|---|---|---|---|---|---|---|---|---|
| **1** | **2** | **7** | **9** | 6 | 8 | 3 | 5 | **4** |
| 5 | 8 | 6 | 1 | 3 | **4** | 2 | 9 | **7** |
| 3 | 4 | **9** | 2 | 7 | **5** | **1** | 6 | **8** |
| 7 | **5** | **4** | 6 | 8 | 2 | 9 | 1 | **3** |
| 8 | 1 | 2 | 5 | 9 | 3 | 4 | 7 | 6 |
| **9** | 6 | 3 | 4 | 1 | 7 | **5** | **8** | 2 |
| **2** | 7 | **1** | **3** | 5 | 6 | **8** | 4 | 9 |
| **4** | 9 | 8 | **7** | 2 | 1 | 6 | 3 | 5 |
| **6** | 3 | 5 | 8 | 4 | **9** | **7** | **2** | **1** |

38

| | | | | | | | | |
|---|---|---|---|---|---|---|---|---|
| 6 | **3** | 7 | **9** | **5** | 2 | **8** | 1 | 4 |
| 5 | **9** | 2 | 8 | 4 | 1 | 3 | **6** | **7** |
| **1** | 8 | 4 | 3 | 7 | **6** | 9 | 5 | 2 |
| 9 | 5 | **6** | **1** | 8 | **7** | 2 | 4 | **3** |
| **8** | 2 | 1 | 6 | **3** | 4 | 7 | 9 | **5** |
| **7** | 4 | 3 | **2** | 9 | **5** | **6** | 8 | 1 |
| 4 | 6 | 9 | **5** | 2 | 3 | 1 | 7 | **8** |
| **2** | **1** | 5 | 7 | 6 | 8 | 4 | **3** | 9 |
| 3 | 7 | **8** | 4 | **1** | **9** | 5 | **2** | 6 |

**39**

| 1 | 6 | 8 | 4 | 2 | 9 | 5 | 3 | 7 |
| 4 | 3 | 2 | 1 | 5 | 7 | 6 | 9 | 8 |
| 7 | 9 | 5 | 6 | 8 | 3 | 2 | 1 | 4 |
| 8 | 7 | 9 | 3 | 6 | 5 | 4 | 2 | 1 |
| 2 | 5 | 3 | 8 | 1 | 4 | 7 | 6 | 9 |
| 6 | 4 | 1 | 7 | 9 | 2 | 8 | 5 | 3 |
| 5 | 1 | 4 | 2 | 3 | 8 | 9 | 7 | 6 |
| 3 | 2 | 7 | 9 | 4 | 6 | 1 | 8 | 5 |
| 9 | 8 | 6 | 5 | 7 | 1 | 3 | 4 | 2 |

**40**

| 5 | 1 | 6 | 2 | 9 | 8 | 7 | 4 | 3 |
| 2 | 4 | 7 | 1 | 3 | 6 | 9 | 5 | 8 |
| 3 | 8 | 9 | 7 | 4 | 5 | 1 | 6 | 2 |
| 9 | 7 | 4 | 6 | 1 | 3 | 2 | 8 | 5 |
| 6 | 3 | 5 | 8 | 2 | 9 | 4 | 7 | 1 |
| 1 | 2 | 8 | 5 | 7 | 4 | 6 | 3 | 9 |
| 8 | 6 | 1 | 4 | 5 | 2 | 3 | 9 | 7 |
| 7 | 5 | 3 | 9 | 6 | 1 | 8 | 2 | 4 |
| 4 | 9 | 2 | 3 | 8 | 7 | 5 | 1 | 6 |

Su Doku

**41**

| 6 | 8 | 4 | 1 | 5 | 7 | 9 | 3 | 2 |
| 9 | 5 | 1 | 3 | 8 | 2 | 7 | 6 | 4 |
| 3 | 2 | 7 | 6 | 9 | 4 | 5 | 1 | 8 |
| 5 | 6 | 8 | 7 | 3 | 1 | 2 | 4 | 9 |
| 7 | 1 | 9 | 2 | 4 | 5 | 3 | 8 | 6 |
| 2 | 4 | 3 | 9 | 6 | 8 | 1 | 5 | 7 |
| 8 | 3 | 2 | 4 | 1 | 9 | 6 | 7 | 5 |
| 1 | 9 | 5 | 8 | 7 | 6 | 4 | 2 | 3 |
| 4 | 7 | 6 | 5 | 2 | 3 | 8 | 9 | 1 |

**42**

| 2 | 6 | 1 | 8 | 4 | 7 | 5 | 9 | 3 |
| 8 | 5 | 4 | 9 | 6 | 3 | 2 | 7 | 1 |
| 3 | 7 | 9 | 2 | 1 | 5 | 8 | 6 | 4 |
| 4 | 9 | 8 | 5 | 2 | 1 | 7 | 3 | 6 |
| 1 | 3 | 6 | 7 | 9 | 8 | 4 | 2 | 5 |
| 7 | 2 | 5 | 6 | 3 | 4 | 9 | 1 | 8 |
| 6 | 1 | 2 | 4 | 8 | 9 | 3 | 5 | 7 |
| 5 | 8 | 3 | 1 | 7 | 2 | 6 | 4 | 9 |
| 9 | 4 | 7 | 3 | 5 | 6 | 1 | 8 | 2 |

**43**

| 3 | 5 | 9 | 8 | 7 | 2 | 1 | 6 | 4 |
| 8 | 1 | 6 | 3 | 9 | 4 | 7 | 2 | 5 |
| 7 | 4 | 2 | 5 | 6 | 1 | 9 | 8 | 3 |
| 5 | 8 | 1 | 6 | 3 | 9 | 2 | 4 | 7 |
| 2 | 3 | 4 | 1 | 8 | 7 | 5 | 9 | 6 |
| 9 | 6 | 7 | 2 | 4 | 5 | 8 | 3 | 1 |
| 1 | 2 | 8 | 4 | 5 | 3 | 6 | 7 | 9 |
| 6 | 9 | 3 | 7 | 1 | 8 | 4 | 5 | 2 |
| 4 | 7 | 5 | 9 | 2 | 6 | 3 | 1 | 8 |

**44**

| 7 | 8 | 3 | 5 | 6 | 4 | 2 | 1 | 9 |
| 1 | 6 | 2 | 3 | 7 | 9 | 5 | 4 | 8 |
| 9 | 4 | 5 | 1 | 2 | 8 | 7 | 3 | 6 |
| 6 | 5 | 4 | 2 | 8 | 7 | 1 | 9 | 3 |
| 8 | 7 | 1 | 9 | 3 | 6 | 4 | 2 | 5 |
| 3 | 2 | 9 | 4 | 5 | 1 | 8 | 6 | 7 |
| 4 | 1 | 8 | 7 | 9 | 3 | 6 | 5 | 2 |
| 5 | 3 | 6 | 8 | 4 | 2 | 9 | 7 | 1 |
| 2 | 9 | 7 | 6 | 1 | 5 | 3 | 8 | 4 |

Su Doku

45

| | | | | | | | | |
|---|---|---|---|---|---|---|---|---|
| 8 | 9 | 2 | **3** | **6** | **7** | 5 | 4 | 1 |
| 6 | **7** | 5 | **2** | 4 | **1** | 8 | **9** | 3 |
| **3** | 4 | 1 | 5 | 9 | 8 | 6 | 2 | **7** |
| **1** | 2 | **9** | 4 | 7 | 5 | **3** | 6 | **8** |
| 7 | 3 | **4** | **1** | 8 | **6** | **9** | 5 | 2 |
| **5** | 6 | **8** | 9 | 2 | 3 | **7** | 1 | **4** |
| **9** | 1 | 3 | 8 | 5 | 2 | 4 | 7 | **6** |
| 2 | **5** | 7 | **6** | 3 | **4** | 1 | **8** | 9 |
| 4 | 8 | 6 | **7** | **1** | **9** | 2 | 3 | 5 |

46

| | | | | | | | | |
|---|---|---|---|---|---|---|---|---|
| 7 | **2** | **8** | **4** | **6** | 5 | 3 | 9 | **1** |
| 3 | 4 | 9 | 8 | **2** | **1** | 6 | **5** | **7** |
| 5 | 1 | 6 | 9 | 7 | 3 | 2 | 8 | 4 |
| 8 | **7** | 1 | 6 | 5 | 4 | **9** | 2 | 3 |
| 4 | **5** | **2** | 7 | **3** | 9 | **8** | **1** | 6 |
| 6 | 9 | **3** | 1 | 8 | 2 | 7 | **4** | 5 |
| 2 | 6 | 5 | 3 | 4 | 8 | 1 | 7 | 9 |
| **1** | **3** | 4 | **2** | **9** | 7 | 5 | 6 | 8 |
| **9** | 8 | 7 | 5 | **1** | **6** | **4** | **3** | 2 |

47

| | | | | | | | | |
|---|---|---|---|---|---|---|---|---|
| **1** | 8 | 9 | **6** | **2** | 5 | **4** | 7 | 3 |
| 7 | 2 | 5 | **3** | 4 | 1 | **9** | 8 | 6 |
| 6 | 3 | 4 | 7 | **8** | 9 | 5 | **2** | 1 |
| 2 | **4** | 3 | **8** | 7 | 6 | 1 | 9 | **5** |
| **5** | **1** | 6 | 4 | 9 | 2 | 7 | **3** | **8** |
| **9** | 7 | 8 | 1 | 5 | **3** | 6 | **4** | 2 |
| 4 | **9** | 1 | 2 | **6** | 8 | 3 | 5 | 7 |
| 8 | 6 | **7** | 5 | 3 | **4** | 2 | 1 | 9 |
| 3 | 5 | **2** | 9 | **1** | **7** | 8 | 6 | **4** |

48

| | | | | | | | | |
|---|---|---|---|---|---|---|---|---|
| 9 | **1** | **2** | 6 | 3 | **5** | 4 | 7 | **8** |
| **8** | 7 | 3 | **9** | 1 | 4 | **6** | 5 | 2 |
| **5** | 4 | **6** | **2** | 7 | 8 | **3** | **1** | 9 |
| 1 | **2** | **7** | 4 | 8 | 3 | 5 | 9 | **6** |
| 6 | 9 | 8 | 1 | 5 | 2 | 7 | 3 | 4 |
| **3** | 5 | 4 | 7 | 6 | 9 | **8** | **2** | 1 |
| 7 | **6** | **5** | 8 | 2 | **1** | **9** | 4 | **3** |
| 4 | 8 | **1** | 3 | 9 | **7** | 2 | 6 | **5** |
| **2** | 3 | 9 | **5** | 4 | 6 | **1** | **8** | 7 |

**49**

| 7 | 6 | 1 | 5 | 9 | 8 | 4 | 3 | 2 |
| 9 | 2 | 4 | 1 | 3 | 6 | 5 | 7 | 8 |
| 5 | 3 | 8 | 2 | 4 | 7 | 6 | 9 | 1 |
| 1 | 5 | 3 | 7 | 8 | 9 | 2 | 4 | 6 |
| 2 | 7 | 9 | 4 | 6 | 1 | 8 | 5 | 3 |
| 4 | 8 | 6 | 3 | 5 | 2 | 9 | 1 | 7 |
| 6 | 4 | 5 | 8 | 7 | 3 | 1 | 2 | 9 |
| 3 | 9 | 2 | 6 | 1 | 5 | 7 | 8 | 4 |
| 8 | 1 | 7 | 9 | 2 | 4 | 3 | 6 | 5 |

**50**

| 8 | 2 | 3 | 4 | 5 | 9 | 7 | 1 | 6 |
| 6 | 4 | 1 | 3 | 2 | 7 | 9 | 5 | 8 |
| 5 | 7 | 9 | 1 | 6 | 8 | 3 | 4 | 2 |
| 4 | 6 | 8 | 9 | 7 | 2 | 5 | 3 | 1 |
| 9 | 5 | 7 | 6 | 1 | 3 | 8 | 2 | 4 |
| 3 | 1 | 2 | 8 | 4 | 5 | 6 | 7 | 9 |
| 2 | 8 | 6 | 7 | 3 | 4 | 1 | 9 | 5 |
| 1 | 3 | 4 | 5 | 9 | 6 | 2 | 8 | 7 |
| 7 | 9 | 5 | 2 | 8 | 1 | 4 | 6 | 3 |

51

| 5 | 2 | 3 | 9 | 1 | 7 | 4 | 8 | 6 |
| 8 | 6 | 1 | 3 | 5 | 4 | 2 | 9 | 7 |
| 4 | 7 | 9 | 2 | 8 | 6 | 1 | 3 | 5 |
| 1 | 3 | 7 | 6 | 9 | 8 | 5 | 2 | 4 |
| 2 | 8 | 5 | 1 | 4 | 3 | 6 | 7 | 9 |
| 6 | 9 | 4 | 5 | 7 | 2 | 8 | 1 | 3 |
| 3 | 4 | 2 | 8 | 6 | 9 | 7 | 5 | 1 |
| 9 | 5 | 6 | 7 | 2 | 1 | 3 | 4 | 8 |
| 7 | 1 | 8 | 4 | 3 | 5 | 9 | 6 | 2 |

52

| 2 | 7 | 3 | 5 | 4 | 1 | 9 | 6 | 8 |
| 8 | 6 | 5 | 7 | 2 | 9 | 1 | 3 | 4 |
| 4 | 1 | 9 | 6 | 3 | 8 | 2 | 7 | 5 |
| 6 | 2 | 8 | 1 | 7 | 3 | 5 | 4 | 9 |
| 1 | 5 | 7 | 8 | 9 | 4 | 3 | 2 | 6 |
| 9 | 3 | 4 | 2 | 5 | 6 | 7 | 8 | 1 |
| 7 | 4 | 1 | 3 | 6 | 5 | 8 | 9 | 2 |
| 3 | 8 | 6 | 9 | 1 | 2 | 4 | 5 | 7 |
| 5 | 9 | 2 | 4 | 8 | 7 | 6 | 1 | 3 |

53

| | | | | | | | | |
|---|---|---|---|---|---|---|---|---|
| 9 | 5 | 2 | 6 | 4 | **3** | 1 | 7 | 8 |
| **7** | 4 | 3 | 1 | 8 | 5 | **6** | 2 | **9** |
| 1 | 8 | 6 | **2** | **7** | **9** | 4 | 5 | **3** |
| **5** | 6 | **1** | 9 | **3** | **8** | **2** | 4 | 7 |
| 4 | 9 | **8** | 5 | 2 | 7 | **3** | 1 | 6 |
| 2 | 3 | **7** | **4** | **6** | 1 | **9** | 8 | **5** |
| **3** | 1 | 9 | **8** | **5** | **2** | 7 | 6 | 4 |
| **6** | 2 | **5** | 7 | 9 | 4 | 8 | 3 | **1** |
| 8 | 7 | 4 | **3** | 1 | 6 | 5 | 9 | 2 |

54

| | | | | | | | | |
|---|---|---|---|---|---|---|---|---|
| 3 | 1 | **4** | **7** | **8** | 6 | 2 | 9 | **5** |
| **2** | 8 | **6** | **1** | 9 | **5** | 4 | 7 | 3 |
| **7** | 5 | 9 | 2 | 3 | 4 | 6 | 8 | 1 |
| 1 | 4 | 2 | 3 | **7** | **8** | 5 | **6** | 9 |
| **8** | **3** | 7 | 6 | 5 | 9 | 1 | **4** | **2** |
| 6 | **9** | 5 | **4** | **1** | 2 | 7 | 3 | 8 |
| 5 | 6 | 8 | 9 | 4 | 1 | 3 | 2 | **7** |
| 9 | 2 | 3 | **5** | 6 | **7** | **8** | 1 | **4** |
| **4** | 7 | 1 | 8 | **2** | **3** | **9** | 5 | 6 |

55

| 9 | 3 | 1 | 2 | 4 | 8 | 7 | 6 | 5 |
|---|---|---|---|---|---|---|---|---|
| 5 | 8 | 2 | 9 | 6 | 7 | 1 | 3 | 4 |
| 6 | 7 | 4 | 3 | 1 | 5 | 9 | 8 | 2 |
| 1 | 2 | 8 | 5 | 9 | 6 | 3 | 4 | 7 |
| 7 | 4 | 9 | 1 | 2 | 3 | 8 | 5 | 6 |
| 3 | 5 | 6 | 7 | 8 | 4 | 2 | 1 | 9 |
| 8 | 1 | 7 | 4 | 5 | 2 | 6 | 9 | 3 |
| 4 | 6 | 3 | 8 | 7 | 9 | 5 | 2 | 1 |
| 2 | 9 | 5 | 6 | 3 | 1 | 4 | 7 | 8 |

56

| 3 | 1 | 8 | 5 | 4 | 6 | 2 | 7 | 9 |
|---|---|---|---|---|---|---|---|---|
| 9 | 2 | 4 | 1 | 7 | 3 | 6 | 5 | 8 |
| 7 | 5 | 6 | 9 | 2 | 8 | 1 | 3 | 4 |
| 5 | 6 | 3 | 8 | 9 | 1 | 4 | 2 | 7 |
| 2 | 7 | 9 | 6 | 3 | 4 | 8 | 1 | 5 |
| 4 | 8 | 1 | 2 | 5 | 7 | 3 | 9 | 6 |
| 8 | 3 | 5 | 7 | 6 | 2 | 9 | 4 | 1 |
| 6 | 9 | 2 | 4 | 1 | 5 | 7 | 8 | 3 |
| 1 | 4 | 7 | 3 | 8 | 9 | 5 | 6 | 2 |

Su Doku

57

| | | | | | | | | |
|---|---|---|---|---|---|---|---|---|
| **4** | 5 | 2 | 8 | **3** | **1** | 6 | **7** | **9** |
| 1 | **9** | 6 | 4 | 2 | 7 | 3 | 8 | 5 |
| 7 | 8 | 3 | **6** | **9** | 5 | **1** | 4 | **2** |
| **6** | 2 | 7 | 9 | 5 | **4** | **8** | **1** | 3 |
| 9 | 1 | 5 | 3 | 6 | 8 | 4 | 2 | 7 |
| 8 | **3** | **4** | **7** | 1 | 2 | 9 | 5 | **6** |
| **5** | 7 | **9** | 1 | **8** | **3** | 2 | 6 | 4 |
| 3 | 4 | 8 | 2 | 7 | 6 | 5 | **9** | 1 |
| **2** | **6** | 1 | **5** | **4** | 9 | 7 | 3 | **8** |

58

| | | | | | | | | |
|---|---|---|---|---|---|---|---|---|
| 7 | 8 | **9** | **2** | 3 | **6** | **4** | 5 | 1 |
| 5 | 2 | 6 | **8** | 4 | **1** | 9 | 3 | 7 |
| **1** | 3 | 4 | 7 | **9** | 5 | 2 | 6 | **8** |
| 8 | **5** | 3 | 4 | 7 | 9 | 6 | **1** | 2 |
| **6** | 7 | 2 | **1** | 5 | **3** | 8 | 9 | **4** |
| 4 | **9** | 1 | 6 | 8 | 2 | 3 | **7** | 5 |
| **3** | 1 | 5 | 9 | **2** | 8 | 7 | 4 | **6** |
| 9 | 4 | 8 | **5** | 6 | **7** | 1 | 2 | 3 |
| 2 | 6 | **7** | **3** | 1 | **4** | **5** | 8 | 9 |

59

| 3 | 8 | 1 | 6 | 2 | 7 | 5 | 9 | 4 |
| 6 | 7 | 9 | 4 | 1 | 5 | 3 | 8 | 2 |
| 2 | 4 | 5 | 9 | 3 | 8 | 6 | 7 | 1 |
| 5 | 1 | 8 | 7 | 4 | 6 | 2 | 3 | 9 |
| 7 | 3 | 4 | 2 | 9 | 1 | 8 | 6 | 5 |
| 9 | 2 | 6 | 8 | 5 | 3 | 1 | 4 | 7 |
| 1 | 6 | 3 | 5 | 7 | 9 | 4 | 2 | 8 |
| 4 | 5 | 7 | 3 | 8 | 2 | 9 | 1 | 6 |
| 8 | 9 | 2 | 1 | 6 | 4 | 7 | 5 | 3 |

60

| 1 | 4 | 9 | 6 | 5 | 8 | 3 | 2 | 7 |
| 2 | 3 | 8 | 9 | 4 | 7 | 5 | 6 | 1 |
| 6 | 5 | 7 | 3 | 2 | 1 | 4 | 9 | 8 |
| 3 | 9 | 5 | 7 | 8 | 6 | 1 | 4 | 2 |
| 4 | 6 | 1 | 2 | 3 | 5 | 8 | 7 | 9 |
| 7 | 8 | 2 | 1 | 9 | 4 | 6 | 3 | 5 |
| 9 | 1 | 4 | 5 | 6 | 2 | 7 | 8 | 3 |
| 8 | 7 | 3 | 4 | 1 | 9 | 2 | 5 | 6 |
| 5 | 2 | 6 | 8 | 7 | 3 | 9 | 1 | 4 |

61

| 5 | 4 | 8 | **1** | **7** | 9 | **6** | **3** | 2 |
|---|---|---|---|---|---|---|---|---|
| 7 | 6 | **2** | **8** | 5 | 3 | 1 | 9 | 4 |
| **3** | 9 | 1 | 2 | **6** | **4** | 8 | 7 | **5** |
| 4 | 8 | **9** | 5 | **3** | 1 | 2 | 6 | **7** |
| 2 | 3 | **5** | 6 | 8 | 7 | **4** | 1 | 9 |
| **1** | 7 | 6 | 4 | **9** | 2 | **3** | 5 | 8 |
| **8** | 2 | 7 | **3** | **1** | 5 | 9 | 4 | **6** |
| 9 | 1 | 4 | 7 | 2 | **6** | **5** | 8 | 3 |
| 6 | **5** | **3** | 9 | **4** | **8** | 7 | 2 | 1 |

62

| **4** | **1** | 3 | 9 | **6** | 7 | 8 | **5** | **2** |
|---|---|---|---|---|---|---|---|---|
| 7 | 5 | 8 | 1 | **4** | 2 | 6 | 9 | 3 |
| 2 | 9 | 6 | **8** | 3 | **5** | 4 | 7 | 1 |
| 1 | 4 | **2** | 5 | **7** | 6 | **3** | 8 | 9 |
| **8** | **7** | 5 | 3 | **1** | 9 | 2 | **6** | **4** |
| 6 | 3 | **9** | 2 | **8** | 4 | **7** | 1 | 5 |
| 9 | 8 | 4 | **7** | 5 | **3** | 1 | 2 | 6 |
| 5 | 6 | 1 | 4 | **2** | 8 | 9 | 3 | 7 |
| **3** | **2** | 7 | 6 | **9** | 1 | 5 | **4** | 8 |

63

| 2 | 9 | 3 | 1 | 4 | 6 | 7 | 5 | 8 |
|---|---|---|---|---|---|---|---|---|
| 4 | 1 | 5 | 9 | 7 | 8 | 3 | 2 | 6 |
| 7 | 8 | 6 | 2 | 3 | 5 | 4 | 1 | 9 |
| 6 | 7 | 2 | 4 | 9 | 1 | 5 | 8 | 3 |
| 5 | 4 | 1 | 6 | 8 | 3 | 9 | 7 | 2 |
| 8 | 3 | 9 | 7 | 5 | 2 | 1 | 6 | 4 |
| 1 | 6 | 4 | 5 | 2 | 9 | 8 | 3 | 7 |
| 3 | 2 | 7 | 8 | 1 | 4 | 6 | 9 | 5 |
| 9 | 5 | 8 | 3 | 6 | 7 | 2 | 4 | 1 |

64

| 8 | 5 | 1 | 3 | 4 | 9 | 6 | 2 | 7 |
|---|---|---|---|---|---|---|---|---|
| 4 | 9 | 3 | 7 | 2 | 6 | 1 | 8 | 5 |
| 7 | 2 | 6 | 8 | 1 | 5 | 9 | 4 | 3 |
| 6 | 4 | 7 | 2 | 5 | 3 | 8 | 1 | 9 |
| 2 | 1 | 9 | 6 | 8 | 7 | 5 | 3 | 4 |
| 5 | 3 | 8 | 4 | 9 | 1 | 2 | 7 | 6 |
| 9 | 6 | 4 | 1 | 3 | 8 | 7 | 5 | 2 |
| 1 | 7 | 2 | 5 | 6 | 4 | 3 | 9 | 8 |
| 3 | 8 | 5 | 9 | 7 | 2 | 4 | 6 | 1 |

Su Doku

65

| | | | | | | | | |
|---|---|---|---|---|---|---|---|---|
| 6 | **7** | 5 | **4** | **2** | 3 | **1** | **8** | 9 |
| **3** | 1 | **8** | **5** | **7** | 9 | 6 | 2 | **4** |
| **4** | 9 | 2 | 1 | 8 | 6 | 5 | **3** | 7 |
| 9 | 2 | 1 | 7 | 6 | 4 | 3 | **5** | **8** |
| **8** | **3** | 4 | 9 | 1 | 5 | 7 | **6** | **2** |
| **5** | **6** | 7 | 8 | 3 | 2 | 9 | 4 | 1 |
| 1 | **5** | 3 | 2 | 4 | 7 | 8 | 9 | **6** |
| **2** | 8 | 9 | 6 | **5** | **1** | **4** | 7 | **3** |
| 7 | **4** | **6** | 3 | **9** | **8** | 2 | **1** | 5 |

66

| | | | | | | | | |
|---|---|---|---|---|---|---|---|---|
| **7** | 5 | 1 | **4** | **3** | 6 | 8 | 2 | **9** |
| **3** | **2** | **6** | **8** | 9 | 7 | 5 | 4 | 1 |
| 8 | 4 | 9 | 1 | 5 | 2 | 3 | 7 | 6 |
| 6 | **8** | 2 | 9 | 4 | **3** | 7 | **1** | **5** |
| 5 | **3** | 4 | **2** | **7** | **1** | 9 | **6** | 8 |
| **9** | **1** | 7 | **5** | 6 | 8 | 4 | **3** | 2 |
| 1 | 7 | 5 | 3 | 2 | 9 | 6 | 8 | 4 |
| 4 | 6 | 8 | 7 | 1 | **5** | **2** | **9** | **3** |
| **2** | 9 | 3 | 6 | **8** | **4** | 1 | 5 | **7** |

67

| | | | | | | | | |
|---|---|---|---|---|---|---|---|---|
| **1** | 7 | **4** | 8 | 2 | 6 | 3 | 9 | **5** |
| 8 | 2 | **5** | **9** | 1 | 3 | **6** | 7 | 4 |
| 3 | **6** | 9 | 4 | **7** | 5 | 8 | **1** | **2** |
| 7 | 4 | 1 | **3** | 8 | **2** | 9 | **5** | 6 |
| 9 | 5 | **8** | 7 | 6 | 4 | **2** | 3 | 1 |
| 2 | **3** | 6 | **5** | 9 | **1** | 4 | 8 | 7 |
| **6** | **9** | 3 | 1 | **4** | 7 | 5 | **2** | 8 |
| 5 | 1 | **2** | 6 | 3 | **8** | **7** | 4 | 9 |
| **4** | 8 | 7 | 2 | 5 | 9 | **1** | 6 | **3** |

68

| | | | | | | | | |
|---|---|---|---|---|---|---|---|---|
| **9** | 1 | 3 | 7 | 4 | 8 | **2** | **5** | **6** |
| **4** | 6 | 5 | **1** | 2 | 9 | 7 | 3 | 8 |
| **7** | 8 | 2 | **5** | **6** | 3 | 9 | 4 | 1 |
| 1 | 2 | 9 | **4** | 5 | **7** | **8** | **6** | 3 |
| 3 | 5 | **7** | 8 | **1** | 6 | **4** | 9 | 2 |
| 6 | **4** | **8** | **3** | 9 | **2** | 1 | 7 | 5 |
| 8 | 9 | 6 | 2 | **3** | **4** | 5 | 1 | **7** |
| 5 | 7 | 4 | 6 | 8 | **1** | 3 | 2 | **9** |
| **2** | **3** | **1** | 9 | 7 | 5 | 6 | 8 | **4** |

69

| 1 | **4** | 9 | **2** | 7 | 8 | 5 | 3 | **6** |
|---|---|---|---|---|---|---|---|---|
| 6 | **8** | 3 | **1** | 9 | 5 | 7 | **2** | **4** |
| 2 | 5 | 7 | 4 | **6** | **3** | 8 | 9 | 1 |
| **5** | 2 | **6** | 9 | 4 | 1 | **3** | **8** | 7 |
| 3 | 1 | 8 | 5 | 2 | 7 | 4 | 6 | 9 |
| 9 | **7** | **4** | 3 | 8 | 6 | **1** | 5 | **2** |
| 7 | 6 | 5 | **8** | **1** | 9 | 2 | 4 | 3 |
| **8** | **9** | 2 | **7** | 3 | **4** | 6 | **1** | 5 |
| **4** | 3 | 1 | 6 | 5 | **2** | 9 | **7** | 8 |

70

| 5 | 6 | 7 | 2 | **8** | **3** | 4 | **1** | 9 |
|---|---|---|---|---|---|---|---|---|
| 9 | 2 | **4** | 7 | 1 | **5** | 3 | 6 | **8** |
| 8 | **1** | 3 | **6** | 4 | 9 | 7 | 5 | 2 |
| 6 | **7** | **5** | **8** | 3 | 1 | 9 | **2** | **4** |
| **2** | 4 | 1 | 9 | 7 | 6 | 8 | 3 | **5** |
| **3** | **9** | 8 | 5 | 2 | **4** | **1** | **7** | 6 |
| 4 | 5 | 9 | 3 | 6 | **7** | 2 | **8** | 1 |
| **1** | 3 | 2 | **4** | 5 | **8** | **6** | 9 | 7 |
| 7 | **8** | 6 | **1** | **9** | 2 | 5 | 4 | 3 |

71

| 6 | 9 | 1 | 4 | 2 | 7 | 8 | 3 | 5 |
| 4 | 3 | 7 | 5 | 6 | 8 | 9 | 2 | 1 |
| 2 | 5 | 8 | 1 | 3 | 9 | 4 | 7 | 6 |
| 9 | 8 | 4 | 2 | 1 | 3 | 5 | 6 | 7 |
| 1 | 6 | 3 | 7 | 9 | 5 | 2 | 8 | 4 |
| 5 | 7 | 2 | 6 | 8 | 4 | 1 | 9 | 3 |
| 3 | 2 | 6 | 8 | 4 | 1 | 7 | 5 | 9 |
| 8 | 1 | 5 | 9 | 7 | 6 | 3 | 4 | 2 |
| 7 | 4 | 9 | 3 | 5 | 2 | 6 | 1 | 8 |

72

| 2 | 1 | 9 | 5 | 6 | 8 | 4 | 3 | 7 |
| 3 | 5 | 7 | 1 | 4 | 2 | 8 | 9 | 6 |
| 8 | 6 | 4 | 3 | 9 | 7 | 2 | 1 | 5 |
| 5 | 2 | 8 | 6 | 1 | 3 | 9 | 7 | 4 |
| 9 | 7 | 3 | 2 | 8 | 4 | 6 | 5 | 1 |
| 6 | 4 | 1 | 7 | 5 | 9 | 3 | 8 | 2 |
| 1 | 9 | 2 | 8 | 7 | 6 | 5 | 4 | 3 |
| 7 | 8 | 6 | 4 | 3 | 5 | 1 | 2 | 9 |
| 4 | 3 | 5 | 9 | 2 | 1 | 7 | 6 | 8 |

**73**

| 8 | 4 | 9 | 1 | 5 | 7 | 2 | 6 | 3 |
| 6 | 7 | 1 | 9 | 2 | 3 | 5 | 4 | 8 |
| 2 | 3 | 5 | 8 | 6 | 4 | 7 | 1 | 9 |
| 4 | 6 | 8 | 3 | 7 | 9 | 1 | 5 | 2 |
| 5 | 9 | 2 | 4 | 1 | 6 | 3 | 8 | 7 |
| 7 | 1 | 3 | 5 | 8 | 2 | 4 | 9 | 6 |
| 1 | 2 | 7 | 6 | 9 | 5 | 8 | 3 | 4 |
| 9 | 8 | 4 | 2 | 3 | 1 | 6 | 7 | 5 |
| 3 | 5 | 6 | 7 | 4 | 8 | 9 | 2 | 1 |

**74**

| 1 | 8 | 4 | 6 | 3 | 2 | 9 | 5 | 7 |
| 5 | 3 | 2 | 4 | 9 | 7 | 6 | 8 | 1 |
| 6 | 7 | 9 | 5 | 8 | 1 | 4 | 3 | 2 |
| 2 | 6 | 7 | 1 | 5 | 3 | 8 | 4 | 9 |
| 4 | 1 | 5 | 9 | 6 | 8 | 7 | 2 | 3 |
| 3 | 9 | 8 | 7 | 2 | 4 | 1 | 6 | 5 |
| 9 | 4 | 3 | 8 | 7 | 5 | 2 | 1 | 6 |
| 8 | 5 | 6 | 2 | 1 | 9 | 3 | 7 | 4 |
| 7 | 2 | 1 | 3 | 4 | 6 | 5 | 9 | 8 |

75

| 9 | 3 | 5 | 6 | 4 | 7 | 1 | 8 | 2 |
|---|---|---|---|---|---|---|---|---|
| 7 | 2 | 4 | 1 | 5 | 8 | 6 | 9 | 3 |
| 8 | 6 | 1 | 9 | 2 | 3 | 7 | 4 | 5 |
| 4 | 7 | 8 | 2 | 3 | 9 | 5 | 6 | 1 |
| 6 | 9 | 3 | 4 | 1 | 5 | 2 | 7 | 8 |
| 5 | 1 | 2 | 8 | 7 | 6 | 9 | 3 | 4 |
| 3 | 8 | 6 | 5 | 9 | 1 | 4 | 2 | 7 |
| 2 | 5 | 7 | 3 | 6 | 4 | 8 | 1 | 9 |
| 1 | 4 | 9 | 7 | 8 | 2 | 3 | 5 | 6 |

76

| 1 | 3 | 7 | 9 | 2 | 8 | 6 | 4 | 5 |
|---|---|---|---|---|---|---|---|---|
| 9 | 2 | 6 | 3 | 5 | 4 | 7 | 1 | 8 |
| 4 | 5 | 8 | 1 | 7 | 6 | 9 | 3 | 2 |
| 3 | 7 | 2 | 5 | 1 | 9 | 8 | 6 | 4 |
| 6 | 1 | 5 | 8 | 4 | 3 | 2 | 9 | 7 |
| 8 | 9 | 4 | 7 | 6 | 2 | 1 | 5 | 3 |
| 7 | 6 | 1 | 4 | 8 | 5 | 3 | 2 | 9 |
| 2 | 4 | 9 | 6 | 3 | 7 | 5 | 8 | 1 |
| 5 | 8 | 3 | 2 | 9 | 1 | 4 | 7 | 6 |

**77**

| 1 | 3 | 2 | 6 | 5 | 4 | 8 | 9 | 7 |
|---|---|---|---|---|---|---|---|---|
| 9 | 6 | 4 | 1 | 7 | 8 | 5 | 2 | 3 |
| 5 | 8 | 7 | 9 | 3 | 2 | 4 | 1 | 6 |
| 8 | 4 | 3 | 7 | 6 | 1 | 2 | 5 | 9 |
| 2 | 5 | 9 | 4 | 8 | 3 | 6 | 7 | 1 |
| 7 | 1 | 6 | 2 | 9 | 5 | 3 | 8 | 4 |
| 4 | 2 | 8 | 3 | 1 | 9 | 7 | 6 | 5 |
| 3 | 7 | 1 | 5 | 2 | 6 | 9 | 4 | 8 |
| 6 | 9 | 5 | 8 | 4 | 7 | 1 | 3 | 2 |

**78**

| 1 | 3 | 9 | 6 | 7 | 8 | 2 | 4 | 5 |
|---|---|---|---|---|---|---|---|---|
| 7 | 5 | 2 | 1 | 9 | 4 | 8 | 3 | 6 |
| 8 | 4 | 6 | 5 | 2 | 3 | 1 | 9 | 7 |
| 6 | 7 | 4 | 3 | 5 | 1 | 9 | 2 | 8 |
| 3 | 8 | 1 | 2 | 6 | 9 | 7 | 5 | 4 |
| 9 | 2 | 5 | 4 | 8 | 7 | 6 | 1 | 3 |
| 5 | 1 | 8 | 9 | 4 | 6 | 3 | 7 | 2 |
| 4 | 9 | 7 | 8 | 3 | 2 | 5 | 6 | 1 |
| 2 | 6 | 3 | 7 | 1 | 5 | 4 | 8 | 9 |

79

| | | | | | | | | |
|---|---|---|---|---|---|---|---|---|
| **4** | 5 | 1 | 8 | 6 | **9** | **7** | 2 | **3** |
| 2 | 6 | **3** | **1** | 4 | 7 | 9 | 8 | 5 |
| **9** | 8 | 7 | **2** | 3 | **5** | 6 | **1** | 4 |
| **6** | 1 | **5** | 7 | 2 | 8 | **4** | **3** | 9 |
| 3 | 9 | 8 | 5 | 1 | 4 | 2 | 7 | 6 |
| 7 | **4** | **2** | 6 | 9 | 3 | **8** | 5 | **1** |
| 1 | **7** | 6 | **4** | 5 | **2** | 3 | 9 | **8** |
| 8 | 3 | 4 | 9 | 7 | **1** | **5** | 6 | 2 |
| **5** | 2 | **9** | **3** | 8 | 6 | 1 | 4 | **7** |

80

| | | | | | | | | |
|---|---|---|---|---|---|---|---|---|
| 1 | 9 | 7 | 2 | 5 | **8** | **3** | 6 | 4 |
| **4** | 6 | 3 | **9** | **7** | 1 | 2 | 8 | 5 |
| 8 | **5** | 2 | 6 | 3 | **4** | **7** | **9** | 1 |
| 2 | 3 | 4 | 7 | 9 | **6** | **5** | **1** | 8 |
| **5** | 8 | 1 | 4 | 2 | 3 | 6 | 7 | **9** |
| 9 | **7** | **6** | **8** | 1 | 5 | 4 | 3 | 2 |
| 7 | **1** | **5** | **3** | 8 | 2 | 9 | **4** | 6 |
| 6 | 2 | 9 | 1 | **4** | **7** | 8 | 5 | **3** |
| 3 | 4 | **8** | **5** | 6 | 9 | 1 | 2 | 7 |

**81**

| 9 | 4 | 3 | 2 | 8 | 7 | 6 | 1 | 5 |
| 5 | 8 | 7 | 3 | 6 | 1 | 2 | 9 | 4 |
| 2 | 6 | 1 | 5 | 9 | 4 | 8 | 7 | 3 |
| 3 | 7 | 4 | 8 | 5 | 6 | 1 | 2 | 9 |
| 8 | 5 | 2 | 1 | 3 | 9 | 4 | 6 | 7 |
| 1 | 9 | 6 | 4 | 7 | 2 | 5 | 3 | 8 |
| 6 | 3 | 5 | 7 | 2 | 8 | 9 | 4 | 1 |
| 4 | 2 | 8 | 9 | 1 | 3 | 7 | 5 | 6 |
| 7 | 1 | 9 | 6 | 4 | 5 | 3 | 8 | 2 |

**82**

| 1 | 3 | 9 | 8 | 4 | 7 | 6 | 5 | 2 |
| 8 | 5 | 7 | 2 | 1 | 6 | 9 | 4 | 3 |
| 6 | 2 | 4 | 9 | 3 | 5 | 1 | 8 | 7 |
| 2 | 9 | 1 | 3 | 5 | 4 | 8 | 7 | 6 |
| 3 | 7 | 8 | 6 | 2 | 9 | 5 | 1 | 4 |
| 4 | 6 | 5 | 1 | 7 | 8 | 2 | 3 | 9 |
| 5 | 4 | 6 | 7 | 8 | 2 | 3 | 9 | 1 |
| 7 | 1 | 2 | 5 | 9 | 3 | 4 | 6 | 8 |
| 9 | 8 | 3 | 4 | 6 | 1 | 7 | 2 | 5 |

83

| 8 | 2 | 5 | 6 | 9 | 7 | 4 | 3 | 1 |
|---|---|---|---|---|---|---|---|---|
| 7 | 6 | 4 | 8 | 3 | 1 | 2 | 9 | 5 |
| 1 | 9 | 3 | 2 | 4 | 5 | 7 | 8 | 6 |
| 2 | 5 | 9 | 3 | 7 | 6 | 8 | 1 | 4 |
| 4 | 3 | 7 | 1 | 2 | 8 | 5 | 6 | 9 |
| 6 | 1 | 8 | 4 | 5 | 9 | 3 | 2 | 7 |
| 5 | 7 | 2 | 9 | 6 | 3 | 1 | 4 | 8 |
| 9 | 4 | 1 | 7 | 8 | 2 | 6 | 5 | 3 |
| 3 | 8 | 6 | 5 | 1 | 4 | 9 | 7 | 2 |

84

| 5 | 2 | 7 | 1 | 6 | 9 | 8 | 3 | 4 |
|---|---|---|---|---|---|---|---|---|
| 1 | 8 | 4 | 3 | 7 | 5 | 9 | 6 | 2 |
| 3 | 6 | 9 | 8 | 4 | 2 | 5 | 7 | 1 |
| 8 | 4 | 2 | 7 | 5 | 1 | 6 | 9 | 3 |
| 9 | 5 | 1 | 6 | 2 | 3 | 7 | 4 | 8 |
| 6 | 7 | 3 | 4 | 9 | 8 | 2 | 1 | 5 |
| 2 | 1 | 6 | 9 | 8 | 4 | 3 | 5 | 7 |
| 7 | 3 | 8 | 5 | 1 | 6 | 4 | 2 | 9 |
| 4 | 9 | 5 | 2 | 3 | 7 | 1 | 8 | 6 |

85

| 1 | 4 | 5 | **8** | 7 | **9** | 3 | 6 | 2 |
|---|---|---|---|---|---|---|---|---|
| **7** | 2 | 8 | 5 | 6 | 3 | 9 | 4 | **1** |
| 6 | **9** | **3** | 4 | 1 | 2 | **5** | **7** | 8 |
| **4** | 1 | **6** | 3 | **2** | 8 | **7** | 9 | **5** |
| **2** | 5 | **7** | 6 | 9 | 1 | **8** | 3 | **4** |
| **8** | 3 | **9** | 7 | **5** | 4 | **1** | 2 | **6** |
| 9 | **6** | **2** | 1 | 8 | 7 | **4** | **5** | 3 |
| **3** | 7 | 1 | 2 | 4 | 5 | 6 | 8 | **9** |
| 5 | 8 | 4 | **9** | 3 | **6** | 2 | 1 | 7 |

86

| **3** | 2 | 6 | **9** | 8 | 4 | **7** | 1 | **5** |
|---|---|---|---|---|---|---|---|---|
| 4 | **7** | **5** | 6 | 1 | 3 | **9** | **2** | 8 |
| 1 | **9** | **8** | 2 | 7 | 5 | **4** | **3** | 6 |
| 5 | 4 | 2 | 8 | **6** | 1 | 3 | 9 | **7** |
| 7 | 8 | 9 | **5** | **3** | **2** | 1 | 6 | 4 |
| **6** | 1 | 3 | 7 | **4** | 9 | 5 | 8 | 2 |
| 8 | **5** | **4** | 1 | 9 | 6 | **2** | **7** | 3 |
| 9 | **3** | **7** | 4 | 2 | 8 | **6** | **5** | 1 |
| **2** | 6 | 1 | 3 | 5 | **7** | 8 | 4 | **9** |

87

| 3 | 7 | 6 | 4 | 9 | 1 | 5 | 2 | 8 |
|---|---|---|---|---|---|---|---|---|
| 5 | 9 | 1 | 3 | 8 | 2 | 4 | 7 | 6 |
| 8 | 4 | 2 | 5 | 6 | 7 | 3 | 1 | 9 |
| 4 | 3 | 9 | 2 | 1 | 6 | 7 | 8 | 5 |
| 6 | 5 | 8 | 7 | 3 | 4 | 2 | 9 | 1 |
| 2 | 1 | 7 | 8 | 5 | 9 | 6 | 4 | 3 |
| 1 | 8 | 4 | 6 | 7 | 3 | 9 | 5 | 2 |
| 9 | 2 | 3 | 1 | 4 | 5 | 8 | 6 | 7 |
| 7 | 6 | 5 | 9 | 2 | 8 | 1 | 3 | 4 |

88

| 7 | 3 | 9 | 6 | 4 | 2 | 8 | 5 | 1 |
|---|---|---|---|---|---|---|---|---|
| 5 | 2 | 4 | 7 | 1 | 8 | 6 | 3 | 9 |
| 6 | 1 | 8 | 3 | 5 | 9 | 2 | 7 | 4 |
| 9 | 7 | 6 | 5 | 2 | 3 | 4 | 1 | 8 |
| 1 | 8 | 5 | 4 | 6 | 7 | 3 | 9 | 2 |
| 2 | 4 | 3 | 9 | 8 | 1 | 5 | 6 | 7 |
| 8 | 6 | 7 | 1 | 3 | 4 | 9 | 2 | 5 |
| 4 | 5 | 1 | 2 | 9 | 6 | 7 | 8 | 3 |
| 3 | 9 | 2 | 8 | 7 | 5 | 1 | 4 | 6 |

Su Doku

**89**

| 7 | 9 | 6 | 2 | 3 | 8 | 1 | 4 | 5 |
|---|---|---|---|---|---|---|---|---|
| 5 | 4 | 1 | 6 | 9 | 7 | 2 | 3 | 8 |
| 8 | 2 | 3 | 1 | 4 | 5 | 6 | 7 | 9 |
| 9 | 7 | 4 | 3 | 2 | 1 | 8 | 5 | 6 |
| 6 | 5 | 8 | 4 | 7 | 9 | 3 | 2 | 1 |
| 3 | 1 | 2 | 8 | 5 | 6 | 4 | 9 | 7 |
| 4 | 8 | 9 | 5 | 6 | 2 | 7 | 1 | 3 |
| 2 | 6 | 5 | 7 | 1 | 3 | 9 | 8 | 4 |
| 1 | 3 | 7 | 9 | 8 | 4 | 5 | 6 | 2 |

**90**

| 6 | 1 | 2 | 8 | 3 | 7 | 4 | 5 | 9 |
|---|---|---|---|---|---|---|---|---|
| 7 | 9 | 4 | 2 | 1 | 5 | 3 | 8 | 6 |
| 3 | 5 | 8 | 6 | 4 | 9 | 2 | 7 | 1 |
| 1 | 2 | 6 | 9 | 5 | 8 | 7 | 3 | 4 |
| 5 | 4 | 3 | 1 | 7 | 6 | 8 | 9 | 2 |
| 8 | 7 | 9 | 3 | 2 | 4 | 6 | 1 | 5 |
| 9 | 3 | 7 | 5 | 6 | 2 | 1 | 4 | 8 |
| 2 | 8 | 1 | 4 | 9 | 3 | 5 | 6 | 7 |
| 4 | 6 | 5 | 7 | 8 | 1 | 9 | 2 | 3 |

91

| 7 | 6 | 2 | 3 | 4 | 1 | 9 | 5 | 8 |
| 8 | 4 | 3 | 5 | 2 | 9 | 1 | 7 | 6 |
| 1 | 9 | 5 | 7 | 8 | 6 | 2 | 4 | 3 |
| 9 | 7 | 4 | 6 | 3 | 8 | 5 | 2 | 1 |
| 5 | 8 | 6 | 4 | 1 | 2 | 3 | 9 | 7 |
| 3 | 2 | 1 | 9 | 7 | 5 | 6 | 8 | 4 |
| 4 | 5 | 8 | 1 | 9 | 3 | 7 | 6 | 2 |
| 2 | 3 | 9 | 8 | 6 | 7 | 4 | 1 | 5 |
| 6 | 1 | 7 | 2 | 5 | 4 | 8 | 3 | 9 |

92

| 8 | 5 | 4 | 3 | 2 | 1 | 7 | 6 | 9 |
| 1 | 6 | 9 | 7 | 8 | 5 | 4 | 2 | 3 |
| 7 | 3 | 2 | 9 | 4 | 6 | 5 | 1 | 8 |
| 2 | 4 | 3 | 5 | 1 | 9 | 8 | 7 | 6 |
| 5 | 1 | 7 | 4 | 6 | 8 | 9 | 3 | 2 |
| 9 | 8 | 6 | 2 | 3 | 7 | 1 | 4 | 5 |
| 3 | 9 | 8 | 6 | 7 | 4 | 2 | 5 | 1 |
| 4 | 2 | 5 | 1 | 9 | 3 | 6 | 8 | 7 |
| 6 | 7 | 1 | 8 | 5 | 2 | 3 | 9 | 4 |

**93**

| 3 | 1 | 9 | 5 | 4 | 8 | 7 | 2 | 6 |
|---|---|---|---|---|---|---|---|---|
| 6 | 5 | 7 | 9 | 1 | 2 | 4 | 8 | 3 |
| 2 | 8 | 4 | 6 | 7 | 3 | 5 | 9 | 1 |
| 1 | 9 | 5 | 2 | 6 | 7 | 3 | 4 | 8 |
| 8 | 3 | 2 | 1 | 5 | 4 | 9 | 6 | 7 |
| 7 | 4 | 6 | 8 | 3 | 9 | 1 | 5 | 2 |
| 9 | 7 | 3 | 4 | 8 | 6 | 2 | 1 | 5 |
| 5 | 2 | 8 | 3 | 9 | 1 | 6 | 7 | 4 |
| 4 | 6 | 1 | 7 | 2 | 5 | 8 | 3 | 9 |

**94**

| 1 | 2 | 6 | 4 | 7 | 8 | 9 | 3 | 5 |
|---|---|---|---|---|---|---|---|---|
| 5 | 8 | 3 | 1 | 9 | 6 | 2 | 4 | 7 |
| 4 | 9 | 7 | 5 | 3 | 2 | 1 | 8 | 6 |
| 3 | 6 | 8 | 9 | 5 | 1 | 4 | 7 | 2 |
| 7 | 5 | 2 | 8 | 4 | 3 | 6 | 1 | 9 |
| 9 | 1 | 4 | 2 | 6 | 7 | 3 | 5 | 8 |
| 6 | 3 | 9 | 7 | 8 | 4 | 5 | 2 | 1 |
| 2 | 7 | 5 | 3 | 1 | 9 | 8 | 6 | 4 |
| 8 | 4 | 1 | 6 | 2 | 5 | 7 | 9 | 3 |

95

| 6 | 4 | 9 | 3 | 5 | 2 | 8 | 7 | 1 |
| 3 | 1 | 5 | 8 | 7 | 9 | 4 | 2 | 6 |
| 7 | 8 | 2 | 1 | 4 | 6 | 5 | 3 | 9 |
| 4 | 6 | 3 | 7 | 1 | 8 | 9 | 5 | 2 |
| 5 | 9 | 1 | 6 | 2 | 4 | 3 | 8 | 7 |
| 2 | 7 | 8 | 9 | 3 | 5 | 6 | 1 | 4 |
| 9 | 2 | 4 | 5 | 8 | 1 | 7 | 6 | 3 |
| 1 | 5 | 7 | 4 | 6 | 3 | 2 | 9 | 8 |
| 8 | 3 | 6 | 2 | 9 | 7 | 1 | 4 | 5 |

96

| 4 | 1 | 3 | 6 | 9 | 8 | 2 | 5 | 7 |
| 7 | 8 | 6 | 2 | 3 | 5 | 4 | 9 | 1 |
| 9 | 2 | 5 | 7 | 4 | 1 | 6 | 3 | 8 |
| 2 | 5 | 9 | 1 | 7 | 3 | 8 | 4 | 6 |
| 8 | 3 | 4 | 5 | 6 | 2 | 7 | 1 | 9 |
| 6 | 7 | 1 | 4 | 8 | 9 | 3 | 2 | 5 |
| 1 | 6 | 2 | 3 | 5 | 7 | 9 | 8 | 4 |
| 5 | 9 | 7 | 8 | 2 | 4 | 1 | 6 | 3 |
| 3 | 4 | 8 | 9 | 1 | 6 | 5 | 7 | 2 |

**97**

| 7 | 4 | 6 | 8 | 2 | 1 | 9 | 3 | 5 |
|---|---|---|---|---|---|---|---|---|
| 8 | 1 | 5 | 7 | 9 | 3 | 2 | 4 | 6 |
| 3 | 9 | 2 | 5 | 4 | 6 | 7 | 8 | 1 |
| 6 | 8 | 1 | 2 | 7 | 9 | 3 | 5 | 4 |
| 5 | 7 | 3 | 1 | 6 | 4 | 8 | 9 | 2 |
| 4 | 2 | 9 | 3 | 5 | 8 | 6 | 1 | 7 |
| 9 | 6 | 8 | 4 | 1 | 7 | 5 | 2 | 3 |
| 2 | 3 | 4 | 6 | 8 | 5 | 1 | 7 | 9 |
| 1 | 5 | 7 | 9 | 3 | 2 | 4 | 6 | 8 |

**98**

| 6 | 1 | 9 | 7 | 3 | 2 | 8 | 4 | 5 |
|---|---|---|---|---|---|---|---|---|
| 7 | 5 | 8 | 9 | 4 | 1 | 6 | 2 | 3 |
| 4 | 2 | 3 | 6 | 5 | 8 | 1 | 9 | 7 |
| 8 | 6 | 4 | 3 | 9 | 5 | 7 | 1 | 2 |
| 5 | 3 | 7 | 2 | 1 | 4 | 9 | 8 | 6 |
| 1 | 9 | 2 | 8 | 6 | 7 | 3 | 5 | 4 |
| 2 | 4 | 6 | 1 | 7 | 9 | 5 | 3 | 8 |
| 9 | 7 | 5 | 4 | 8 | 3 | 2 | 6 | 1 |
| 3 | 8 | 1 | 5 | 2 | 6 | 4 | 7 | 9 |

99

| | | | | | | | | |
|---|---|---|---|---|---|---|---|---|
| **1** | 6 | **5** | 7 | **8** | 2 | 4 | 9 | **3** |
| 9 | 8 | 2 | **3** | 5 | 4 | **1** | 6 | 7 |
| 7 | **4** | 3 | 9 | 6 | **1** | 8 | 2 | **5** |
| 2 | 3 | **9** | **6** | 4 | **5** | 7 | **1** | 8 |
| **6** | 1 | 7 | 2 | 3 | 8 | 9 | 5 | **4** |
| 8 | **5** | 4 | **1** | 7 | **9** | **2** | 3 | 6 |
| **4** | 2 | 6 | **8** | 9 | 3 | 5 | **7** | 1 |
| 5 | 7 | **1** | 4 | 2 | **6** | 3 | 8 | 9 |
| **3** | 9 | 8 | 5 | **1** | 7 | **6** | 4 | **2** |

100

| | | | | | | | | |
|---|---|---|---|---|---|---|---|---|
| **9** | **2** | **6** | **5** | 4 | **1** | 7 | 3 | 8 |
| 4 | **8** | 1 | 6 | 7 | **3** | **5** | 2 | 9 |
| **3** | 5 | 7 | 2 | 9 | 8 | 6 | 4 | **1** |
| **7** | 1 | 8 | 4 | 3 | 2 | **9** | 5 | 6 |
| 5 | 4 | **3** | **8** | 6 | **9** | **1** | 7 | 2 |
| 2 | 6 | **9** | 1 | 5 | 7 | 3 | 8 | **4** |
| **1** | 7 | 4 | 3 | 8 | 6 | 2 | 9 | **5** |
| 8 | 9 | **2** | **7** | 1 | 5 | 4 | **6** | 3 |
| 6 | 3 | 5 | **9** | 2 | **4** | **8** | **1** | **7** |

**101**

| 6 | 1 | 9 | 5 | 2 | 8 | 7 | 3 | 4 |
|---|---|---|---|---|---|---|---|---|
| 2 | 4 | 7 | 3 | 1 | 9 | 6 | 5 | 8 |
| 3 | 8 | 5 | 4 | 7 | 6 | 1 | 2 | 9 |
| 5 | 3 | 1 | 8 | 6 | 7 | 4 | 9 | 2 |
| 9 | 2 | 4 | 1 | 3 | 5 | 8 | 6 | 7 |
| 7 | 6 | 8 | 2 | 9 | 4 | 3 | 1 | 5 |
| 1 | 7 | 3 | 9 | 8 | 2 | 5 | 4 | 6 |
| 8 | 5 | 2 | 6 | 4 | 1 | 9 | 7 | 3 |
| 4 | 9 | 6 | 7 | 5 | 3 | 2 | 8 | 1 |

**102**

| 8 | 1 | 5 | 2 | 3 | 7 | 9 | 6 | 4 |
|---|---|---|---|---|---|---|---|---|
| 4 | 9 | 3 | 1 | 8 | 6 | 7 | 2 | 5 |
| 2 | 7 | 6 | 4 | 5 | 9 | 3 | 8 | 1 |
| 3 | 2 | 9 | 5 | 1 | 4 | 6 | 7 | 8 |
| 5 | 4 | 7 | 8 | 6 | 2 | 1 | 3 | 9 |
| 6 | 8 | 1 | 7 | 9 | 3 | 5 | 4 | 2 |
| 7 | 6 | 8 | 9 | 4 | 1 | 2 | 5 | 3 |
| 9 | 5 | 2 | 3 | 7 | 8 | 4 | 1 | 6 |
| 1 | 3 | 4 | 6 | 2 | 5 | 8 | 9 | 7 |

103

| 9 | 7 | 6 | 8 | 3 | 2 | 4 | 5 | 1 |
|---|---|---|---|---|---|---|---|---|
| 2 | 1 | 3 | 4 | 7 | 5 | 6 | 8 | 9 |
| 4 | 8 | 5 | 6 | 1 | 9 | 2 | 7 | 3 |
| 1 | 9 | 8 | 5 | 6 | 7 | 3 | 4 | 2 |
| 5 | 2 | 4 | 1 | 8 | 3 | 9 | 6 | 7 |
| 6 | 3 | 7 | 9 | 2 | 4 | 5 | 1 | 8 |
| 8 | 5 | 1 | 2 | 9 | 6 | 7 | 3 | 4 |
| 3 | 6 | 2 | 7 | 4 | 1 | 8 | 9 | 5 |
| 7 | 4 | 9 | 3 | 5 | 8 | 1 | 2 | 6 |

104

| 1 | 8 | 2 | 4 | 3 | 7 | 6 | 9 | 5 |
|---|---|---|---|---|---|---|---|---|
| 7 | 4 | 3 | 5 | 9 | 6 | 2 | 1 | 8 |
| 5 | 6 | 9 | 8 | 2 | 1 | 3 | 7 | 4 |
| 2 | 9 | 8 | 7 | 6 | 4 | 1 | 5 | 3 |
| 6 | 7 | 1 | 3 | 8 | 5 | 4 | 2 | 9 |
| 3 | 5 | 4 | 9 | 1 | 2 | 8 | 6 | 7 |
| 4 | 2 | 5 | 1 | 7 | 8 | 9 | 3 | 6 |
| 9 | 1 | 7 | 6 | 4 | 3 | 5 | 8 | 2 |
| 8 | 3 | 6 | 2 | 5 | 9 | 7 | 4 | 1 |

Su Doku

**105**

| 6 | 3 | 7 | 9 | 8 | 5 | 4 | 2 | 1 |
| 5 | 2 | 1 | 6 | 3 | 4 | 9 | 8 | 7 |
| 8 | 9 | 4 | 2 | 7 | 1 | 5 | 6 | 3 |
| 7 | 8 | 9 | 4 | 1 | 3 | 6 | 5 | 2 |
| 2 | 5 | 6 | 8 | 9 | 7 | 3 | 1 | 4 |
| 4 | 1 | 3 | 5 | 6 | 2 | 8 | 7 | 9 |
| 1 | 4 | 8 | 3 | 2 | 6 | 7 | 9 | 5 |
| 9 | 7 | 5 | 1 | 4 | 8 | 2 | 3 | 6 |
| 3 | 6 | 2 | 7 | 5 | 9 | 1 | 4 | 8 |

**106**

| 8 | 1 | 6 | 7 | 5 | 9 | 2 | 4 | 3 |
| 2 | 7 | 5 | 6 | 4 | 3 | 1 | 9 | 8 |
| 3 | 9 | 4 | 8 | 2 | 1 | 5 | 6 | 7 |
| 9 | 3 | 2 | 5 | 6 | 8 | 4 | 7 | 1 |
| 7 | 5 | 1 | 9 | 3 | 4 | 6 | 8 | 2 |
| 4 | 6 | 8 | 2 | 1 | 7 | 9 | 3 | 5 |
| 5 | 2 | 7 | 3 | 9 | 6 | 8 | 1 | 4 |
| 1 | 8 | 9 | 4 | 7 | 2 | 3 | 5 | 6 |
| 6 | 4 | 3 | 1 | 8 | 5 | 7 | 2 | 9 |

107

| 1 | 4 | 3 | 9 | 5 | 7 | 6 | 8 | 2 |
| 6 | 8 | 7 | 3 | 1 | 2 | 9 | 5 | 4 |
| 9 | 2 | 5 | 8 | 4 | 6 | 1 | 3 | 7 |
| 2 | 1 | 6 | 5 | 3 | 9 | 7 | 4 | 8 |
| 3 | 7 | 8 | 6 | 2 | 4 | 5 | 9 | 1 |
| 5 | 9 | 4 | 1 | 7 | 8 | 2 | 6 | 3 |
| 8 | 6 | 1 | 7 | 9 | 3 | 4 | 2 | 5 |
| 4 | 5 | 9 | 2 | 8 | 1 | 3 | 7 | 6 |
| 7 | 3 | 2 | 4 | 6 | 5 | 8 | 1 | 9 |

108

| 7 | 2 | 8 | 3 | 4 | 9 | 5 | 1 | 6 |
| 9 | 6 | 5 | 8 | 1 | 7 | 3 | 4 | 2 |
| 1 | 3 | 4 | 2 | 6 | 5 | 8 | 9 | 7 |
| 8 | 7 | 3 | 9 | 5 | 2 | 1 | 6 | 4 |
| 5 | 9 | 6 | 1 | 7 | 4 | 2 | 3 | 8 |
| 4 | 1 | 2 | 6 | 3 | 8 | 7 | 5 | 9 |
| 6 | 8 | 7 | 5 | 9 | 3 | 4 | 2 | 1 |
| 3 | 4 | 1 | 7 | 2 | 6 | 9 | 8 | 5 |
| 2 | 5 | 9 | 4 | 8 | 1 | 6 | 7 | 3 |

**109**

| 6 | 9 | 4 | **1** | 8 | **3** | 5 | 7 | **2** |
|---|---|---|---|---|---|---|---|---|
| 1 | 7 | **8** | 4 | 2 | 5 | 6 | 3 | **9** |
| 5 | **3** | 2 | 7 | 9 | **6** | 8 | **1** | 4 |
| **2** | 4 | 1 | 8 | **5** | 9 | **3** | 6 | **7** |
| 8 | 6 | 3 | **2** | 7 | **4** | 9 | 5 | 1 |
| **9** | 5 | **7** | 3 | **6** | 1 | 4 | 2 | **8** |
| 3 | **1** | 5 | **9** | 4 | 7 | 2 | **8** | 6 |
| **4** | 8 | 6 | 5 | 1 | 2 | **7** | 9 | 3 |
| **7** | 2 | 9 | **6** | 3 | **8** | 1 | 4 | 5 |

**110**

| 4 | **6** | **3** | **9** | 5 | 2 | 8 | 7 | 1 |
|---|---|---|---|---|---|---|---|---|
| **8** | 9 | 2 | **6** | 1 | 7 | 3 | **5** | 4 |
| **1** | 5 | 7 | 8 | **3** | **4** | 9 | 6 | 2 |
| **5** | **1** | 4 | 3 | 6 | 8 | **7** | 2 | 9 |
| 6 | 2 | **9** | 4 | **7** | 5 | **1** | 3 | 8 |
| 3 | 7 | **8** | 1 | 2 | 9 | 5 | **4** | **6** |
| 9 | 3 | 5 | **2** | **8** | 6 | 4 | 1 | **7** |
| 2 | **4** | 1 | 7 | 9 | **3** | 6 | 8 | **5** |
| 7 | 8 | 6 | 5 | 4 | **1** | **2** | **9** | 3 |

111

| 8 | 6 | 2 | 4 | 3 | 7 | 5 | 9 | 1 |
|---|---|---|---|---|---|---|---|---|
| 4 | 1 | 9 | 5 | 8 | 2 | 6 | 7 | 3 |
| 7 | 3 | 5 | 6 | 1 | 9 | 8 | 4 | 2 |
| 6 | 8 | 1 | 2 | 9 | 4 | 7 | 3 | 5 |
| 9 | 2 | 7 | 3 | 5 | 1 | 4 | 6 | 8 |
| 3 | 5 | 4 | 7 | 6 | 8 | 2 | 1 | 9 |
| 1 | 4 | 6 | 9 | 2 | 5 | 3 | 8 | 7 |
| 2 | 7 | 8 | 1 | 4 | 3 | 9 | 5 | 6 |
| 5 | 9 | 3 | 8 | 7 | 6 | 1 | 2 | 4 |

112

| 5 | 9 | 8 | 6 | 3 | 2 | 4 | 7 | 1 |
|---|---|---|---|---|---|---|---|---|
| 6 | 2 | 1 | 7 | 4 | 9 | 5 | 3 | 8 |
| 3 | 7 | 4 | 8 | 5 | 1 | 6 | 9 | 2 |
| 9 | 8 | 3 | 4 | 1 | 7 | 2 | 6 | 5 |
| 1 | 5 | 2 | 3 | 9 | 6 | 8 | 4 | 7 |
| 7 | 4 | 6 | 5 | 2 | 8 | 9 | 1 | 3 |
| 8 | 1 | 7 | 2 | 6 | 4 | 3 | 5 | 9 |
| 4 | 3 | 9 | 1 | 8 | 5 | 7 | 2 | 6 |
| 2 | 6 | 5 | 9 | 7 | 3 | 1 | 8 | 4 |

**113**

| 5 | 8 | 1 | 9 | 7 | 6 | 2 | 3 | 4 |
|---|---|---|---|---|---|---|---|---|
| 4 | 6 | 7 | 8 | 2 | 3 | 9 | 5 | 1 |
| 9 | 2 | 3 | 5 | 1 | 4 | 6 | 7 | 8 |
| 1 | 9 | 4 | 6 | 5 | 8 | 3 | 2 | 7 |
| 2 | 3 | 8 | 4 | 9 | 7 | 5 | 1 | 6 |
| 7 | 5 | 6 | 1 | 3 | 2 | 4 | 8 | 9 |
| 3 | 4 | 5 | 7 | 6 | 1 | 8 | 9 | 2 |
| 6 | 1 | 2 | 3 | 8 | 9 | 7 | 4 | 5 |
| 8 | 7 | 9 | 2 | 4 | 5 | 1 | 6 | 3 |

**114**

| 9 | 6 | 2 | 3 | 1 | 7 | 4 | 5 | 8 |
|---|---|---|---|---|---|---|---|---|
| 3 | 8 | 4 | 2 | 9 | 5 | 7 | 1 | 6 |
| 1 | 7 | 5 | 8 | 4 | 6 | 2 | 9 | 3 |
| 4 | 5 | 3 | 6 | 7 | 1 | 8 | 2 | 9 |
| 8 | 9 | 7 | 5 | 3 | 2 | 1 | 6 | 4 |
| 2 | 1 | 6 | 4 | 8 | 9 | 3 | 7 | 5 |
| 7 | 2 | 8 | 9 | 6 | 3 | 5 | 4 | 1 |
| 6 | 4 | 1 | 7 | 5 | 8 | 9 | 3 | 2 |
| 5 | 3 | 9 | 1 | 2 | 4 | 6 | 8 | 7 |

115

| 1 | 6 | 2 | 9 | 7 | **5** | 3 | **4** | **8** |
| **4** | 8 | 9 | **2** | 1 | 3 | 7 | **5** | 6 |
| 3 | 7 | 5 | 8 | 4 | **6** | **1** | 2 | 9 |
| **9** | **4** | **6** | 3 | 8 | 7 | **2** | 1 | 5 |
| **2** | **1** | 8 | 4 | 5 | 9 | 6 | **3** | **7** |
| 5 | 3 | **7** | 1 | 6 | 2 | **9** | **8** | **4** |
| 8 | 9 | **3** | **7** | 2 | 4 | 5 | 6 | 1 |
| 7 | **5** | 4 | 6 | 3 | **1** | 8 | 9 | **2** |
| **6** | **2** | 1 | **5** | 9 | 8 | 4 | 7 | 3 |

116

| 6 | **4** | **3** | 2 | 7 | **1** | 9 | 5 | 8 |
| 5 | 2 | 8 | 3 | **9** | 4 | 6 | 1 | **7** |
| 9 | 7 | **1** | 8 | 6 | **5** | **2** | 3 | **4** |
| **2** | 8 | **4** | 1 | 3 | 9 | **7** | 6 | 5 |
| 1 | **5** | 7 | 6 | **8** | 2 | 4 | **9** | 3 |
| 3 | 9 | **6** | 5 | 4 | 7 | **8** | 2 | **1** |
| **4** | 1 | **5** | **7** | 2 | **6** | **3** | 8 | 9 |
| **7** | 3 | 2 | 9 | **5** | 8 | 1 | 4 | 6 |
| 8 | **6** | 9 | **4** | 1 | 3 | **5** | **7** | 2 |

**117**

| 7 | 6 | 5 | 9 | 2 | 8 | 4 | 1 | 3 |
|---|---|---|---|---|---|---|---|---|
| 4 | 8 | 1 | 7 | 5 | 3 | 2 | 9 | 6 |
| 9 | 2 | 3 | 6 | 4 | 1 | 5 | 8 | 7 |
| 8 | 9 | 2 | 1 | 3 | 7 | 6 | 4 | 5 |
| 1 | 4 | 7 | 8 | 6 | 5 | 3 | 2 | 9 |
| 3 | 5 | 6 | 4 | 9 | 2 | 1 | 7 | 8 |
| 5 | 1 | 9 | 2 | 7 | 6 | 8 | 3 | 4 |
| 2 | 3 | 4 | 5 | 8 | 9 | 7 | 6 | 1 |
| 6 | 7 | 8 | 3 | 1 | 4 | 9 | 5 | 2 |

**118**

| 2 | 5 | 8 | 4 | 1 | 9 | 7 | 3 | 6 |
|---|---|---|---|---|---|---|---|---|
| 7 | 3 | 9 | 5 | 8 | 6 | 1 | 2 | 4 |
| 1 | 6 | 4 | 7 | 3 | 2 | 5 | 8 | 9 |
| 9 | 4 | 7 | 8 | 6 | 1 | 3 | 5 | 2 |
| 5 | 2 | 3 | 9 | 7 | 4 | 8 | 6 | 1 |
| 6 | 8 | 1 | 3 | 2 | 5 | 9 | 4 | 7 |
| 4 | 7 | 2 | 1 | 5 | 8 | 6 | 9 | 3 |
| 3 | 9 | 5 | 6 | 4 | 7 | 2 | 1 | 8 |
| 8 | 1 | 6 | 2 | 9 | 3 | 4 | 7 | 5 |

119

| 1 | 2 | 7 | 4 | 6 | 5 | 8 | 9 | 3 |
|---|---|---|---|---|---|---|---|---|
| 3 | 9 | 8 | 7 | 2 | 1 | 6 | 5 | 4 |
| 5 | 6 | 4 | 8 | 3 | 9 | 1 | 2 | 7 |
| 2 | 7 | 1 | 9 | 8 | 4 | 5 | 3 | 6 |
| 8 | 3 | 6 | 1 | 5 | 2 | 7 | 4 | 9 |
| 4 | 5 | 9 | 6 | 7 | 3 | 2 | 8 | 1 |
| 6 | 8 | 2 | 3 | 4 | 7 | 9 | 1 | 5 |
| 9 | 4 | 5 | 2 | 1 | 6 | 3 | 7 | 8 |
| 7 | 1 | 3 | 5 | 9 | 8 | 4 | 6 | 2 |

120

| 7 | 2 | 9 | 4 | 6 | 5 | 8 | 1 | 3 |
|---|---|---|---|---|---|---|---|---|
| 3 | 1 | 4 | 8 | 9 | 2 | 6 | 7 | 5 |
| 8 | 5 | 6 | 7 | 1 | 3 | 9 | 4 | 2 |
| 1 | 3 | 2 | 9 | 5 | 7 | 4 | 8 | 6 |
| 5 | 6 | 7 | 1 | 8 | 4 | 3 | 2 | 9 |
| 4 | 9 | 8 | 3 | 2 | 6 | 7 | 5 | 1 |
| 2 | 4 | 5 | 6 | 7 | 9 | 1 | 3 | 8 |
| 9 | 8 | 3 | 2 | 4 | 1 | 5 | 6 | 7 |
| 6 | 7 | 1 | 5 | 3 | 8 | 2 | 9 | 4 |

**121**

| 7 | 1 | 4 | 3 | 6 | 2 | 8 | 5 | 9 |
|---|---|---|---|---|---|---|---|---|
| 3 | 9 | 5 | 4 | 7 | 8 | 1 | 2 | 6 |
| 6 | 2 | 8 | 1 | 5 | 9 | 3 | 4 | 7 |
| 4 | 3 | 2 | 6 | 1 | 5 | 9 | 7 | 8 |
| 8 | 7 | 1 | 9 | 2 | 3 | 4 | 6 | 5 |
| 5 | 6 | 9 | 8 | 4 | 7 | 2 | 3 | 1 |
| 1 | 4 | 3 | 5 | 9 | 6 | 7 | 8 | 2 |
| 2 | 8 | 6 | 7 | 3 | 1 | 5 | 9 | 4 |
| 9 | 5 | 7 | 2 | 8 | 4 | 6 | 1 | 3 |

**122**

| 4 | 2 | 6 | 5 | 1 | 8 | 9 | 7 | 3 |
|---|---|---|---|---|---|---|---|---|
| 1 | 7 | 8 | 4 | 3 | 9 | 5 | 6 | 2 |
| 5 | 9 | 3 | 7 | 2 | 6 | 8 | 4 | 1 |
| 6 | 8 | 4 | 1 | 9 | 3 | 2 | 5 | 7 |
| 3 | 5 | 7 | 2 | 8 | 4 | 1 | 9 | 6 |
| 2 | 1 | 9 | 6 | 5 | 7 | 3 | 8 | 4 |
| 9 | 4 | 5 | 3 | 7 | 1 | 6 | 2 | 8 |
| 8 | 6 | 1 | 9 | 4 | 2 | 7 | 3 | 5 |
| 7 | 3 | 2 | 8 | 6 | 5 | 4 | 1 | 9 |

123

| 6 | 7 | 2 | 8 | 4 | 1 | 9 | 5 | 3 |
| 5 | 9 | 4 | 6 | 3 | 2 | 1 | 8 | 7 |
| 8 | 3 | 1 | 9 | 7 | 5 | 6 | 2 | 4 |
| 4 | 1 | 9 | 3 | 8 | 7 | 5 | 6 | 2 |
| 7 | 6 | 5 | 2 | 9 | 4 | 8 | 3 | 1 |
| 3 | 2 | 8 | 5 | 1 | 6 | 4 | 7 | 9 |
| 2 | 4 | 7 | 1 | 5 | 8 | 3 | 9 | 6 |
| 9 | 5 | 6 | 4 | 2 | 3 | 7 | 1 | 8 |
| 1 | 8 | 3 | 7 | 6 | 9 | 2 | 4 | 5 |

124

| 8 | 4 | 5 | 9 | 7 | 3 | 1 | 6 | 2 |
| 7 | 3 | 6 | 5 | 1 | 2 | 4 | 9 | 8 |
| 1 | 9 | 2 | 4 | 6 | 8 | 3 | 7 | 5 |
| 2 | 8 | 1 | 6 | 3 | 4 | 7 | 5 | 9 |
| 5 | 7 | 4 | 1 | 8 | 9 | 6 | 2 | 3 |
| 3 | 6 | 9 | 2 | 5 | 7 | 8 | 1 | 4 |
| 4 | 5 | 8 | 7 | 2 | 1 | 9 | 3 | 6 |
| 6 | 1 | 3 | 8 | 9 | 5 | 2 | 4 | 7 |
| 9 | 2 | 7 | 3 | 4 | 6 | 5 | 8 | 1 |

**125**

| 7 | 5 | 9 | 3 | 6 | 8 | 2 | 4 | 1 |
|---|---|---|---|---|---|---|---|---|
| 1 | 8 | 2 | 4 | 5 | 7 | 9 | 3 | 6 |
| 6 | 3 | 4 | 1 | 9 | 2 | 5 | 8 | 7 |
| 5 | 9 | 1 | 6 | 7 | 4 | 8 | 2 | 3 |
| 2 | 4 | 6 | 8 | 3 | 1 | 7 | 5 | 9 |
| 8 | 7 | 3 | 5 | 2 | 9 | 6 | 1 | 4 |
| 9 | 6 | 5 | 2 | 1 | 3 | 4 | 7 | 8 |
| 3 | 2 | 8 | 7 | 4 | 6 | 1 | 9 | 5 |
| 4 | 1 | 7 | 9 | 8 | 5 | 3 | 6 | 2 |

**126**

| 3 | 7 | 2 | 9 | 4 | 1 | 8 | 6 | 5 |
|---|---|---|---|---|---|---|---|---|
| 6 | 1 | 8 | 2 | 3 | 5 | 4 | 9 | 7 |
| 9 | 5 | 4 | 8 | 6 | 7 | 3 | 1 | 2 |
| 4 | 6 | 5 | 7 | 2 | 8 | 9 | 3 | 1 |
| 1 | 8 | 3 | 5 | 9 | 6 | 7 | 2 | 4 |
| 7 | 2 | 9 | 4 | 1 | 3 | 5 | 8 | 6 |
| 5 | 4 | 6 | 3 | 8 | 2 | 1 | 7 | 9 |
| 8 | 9 | 1 | 6 | 7 | 4 | 2 | 5 | 3 |
| 2 | 3 | 7 | 1 | 5 | 9 | 6 | 4 | 8 |

127

| | | | | | | | | |
|---|---|---|---|---|---|---|---|---|
| **7** | 6 | 9 | 3 | 8 | 4 | **2** | 1 | **5** |
| 4 | 2 | **1** | 9 | 6 | **5** | 3 | **8** | 7 |
| 8 | 5 | 3 | 1 | **2** | 7 | **4** | **9** | 6 |
| 3 | **1** | 6 | **2** | 5 | 9 | 7 | 4 | 8 |
| **5** | 8 | **4** | 7 | 3 | 6 | **1** | 2 | **9** |
| 2 | 9 | 7 | 4 | 1 | **8** | 5 | **6** | 3 |
| 9 | **4** | **5** | 8 | **7** | 1 | 6 | 3 | 2 |
| 1 | **7** | 2 | **6** | 9 | 3 | **8** | 5 | 4 |
| **6** | 3 | **8** | 5 | 4 | 2 | 9 | 7 | **1** |

128

| | | | | | | | | |
|---|---|---|---|---|---|---|---|---|
| 3 | **7** | **6** | 4 | 2 | 1 | **5** | **9** | 8 |
| 1 | 5 | 4 | 9 | **8** | **3** | 7 | **2** | 6 |
| **2** | **8** | 9 | 6 | 5 | **7** | **3** | 4 | 1 |
| 8 | **6** | 2 | **7** | **1** | 5 | 4 | **3** | 9 |
| 9 | 4 | 3 | 8 | 6 | 2 | 1 | 5 | 7 |
| 7 | **1** | 5 | 3 | **4** | **9** | 6 | **8** | 2 |
| 5 | 2 | **7** | **1** | 9 | 4 | 8 | **6** | **3** |
| 6 | **9** | 1 | **5** | **3** | 8 | 2 | 7 | 4 |
| 4 | **3** | **8** | 2 | 7 | 6 | **9** | **1** | 5 |

129

| | | | | | | | | |
|---|---|---|---|---|---|---|---|---|
| **9** | **3** | 1 | 6 | **2** | **5** | 7 | 8 | **4** |
| 5 | 4 | 7 | 9 | 1 | 8 | 6 | 2 | **3** |
| 6 | 2 | **8** | **7** | 3 | 4 | **1** | 5 | 9 |
| **7** | 6 | 9 | 1 | **4** | 2 | **8** | 3 | 5 |
| **4** | 1 | 3 | **8** | 5 | **9** | 2 | 7 | **6** |
| 8 | 5 | **2** | 3 | **7** | 6 | 9 | 4 | **1** |
| 1 | 7 | **6** | 4 | 8 | **3** | **5** | 9 | 2 |
| **3** | 9 | 5 | 2 | 6 | 7 | 4 | 1 | 8 |
| **2** | 8 | 4 | **5** | **9** | 1 | 3 | **6** | **7** |

130

| | | | | | | | | |
|---|---|---|---|---|---|---|---|---|
| **6** | 7 | **5** | **3** | **2** | 8 | 9 | 4 | **1** |
| 9 | 1 | 8 | 6 | 5 | **4** | 3 | 2 | 7 |
| 3 | 4 | **2** | 7 | **1** | 9 | **8** | 5 | **6** |
| 5 | **2** | 3 | 4 | 6 | 7 | 1 | 8 | **9** |
| **8** | 9 | **7** | 1 | **3** | 5 | **4** | 6 | **2** |
| **4** | 6 | 1 | 8 | 9 | 2 | 7 | **3** | 5 |
| **1** | 8 | **4** | 2 | **7** | 6 | **5** | 9 | 3 |
| 7 | 5 | 6 | **9** | 8 | 3 | 2 | 1 | 4 |
| **2** | 3 | 9 | 5 | **4** | **1** | **6** | 7 | **8** |

131

| 7 | 5 | 4 | 9 | 8 | 3 | 6 | 2 | 1 |
| 9 | 6 | 8 | 4 | 2 | 1 | 7 | 3 | 5 |
| 2 | 1 | 3 | 7 | 5 | 6 | 8 | 4 | 9 |
| 4 | 9 | 5 | 6 | 7 | 8 | 2 | 1 | 3 |
| 1 | 3 | 7 | 2 | 4 | 5 | 9 | 8 | 6 |
| 8 | 2 | 6 | 3 | 1 | 9 | 4 | 5 | 7 |
| 5 | 4 | 1 | 8 | 6 | 7 | 3 | 9 | 2 |
| 6 | 8 | 9 | 5 | 3 | 2 | 1 | 7 | 4 |
| 3 | 7 | 2 | 1 | 9 | 4 | 5 | 6 | 8 |

132

| 7 | 4 | 5 | 3 | 6 | 1 | 9 | 8 | 2 |
| 9 | 2 | 6 | 5 | 8 | 7 | 3 | 4 | 1 |
| 1 | 3 | 8 | 4 | 2 | 9 | 7 | 6 | 5 |
| 4 | 9 | 3 | 1 | 5 | 2 | 8 | 7 | 6 |
| 8 | 7 | 2 | 6 | 9 | 4 | 5 | 1 | 3 |
| 5 | 6 | 1 | 7 | 3 | 8 | 2 | 9 | 4 |
| 6 | 1 | 9 | 2 | 7 | 5 | 4 | 3 | 8 |
| 3 | 5 | 7 | 8 | 4 | 6 | 1 | 2 | 9 |
| 2 | 8 | 4 | 9 | 1 | 3 | 6 | 5 | 7 |

**133**

| 3 | 4 | 1 | 6 | 5 | 8 | 2 | 9 | 7 |
|---|---|---|---|---|---|---|---|---|
| 8 | 5 | 2 | 3 | 7 | 9 | 6 | 4 | 1 |
| 6 | 9 | 7 | 1 | 4 | 2 | 8 | 3 | 5 |
| 4 | 8 | 6 | 9 | 3 | 5 | 1 | 7 | 2 |
| 1 | 3 | 9 | 8 | 2 | 7 | 4 | 5 | 6 |
| 7 | 2 | 5 | 4 | 1 | 6 | 9 | 8 | 3 |
| 9 | 1 | 3 | 7 | 6 | 4 | 5 | 2 | 8 |
| 2 | 7 | 8 | 5 | 9 | 1 | 3 | 6 | 4 |
| 5 | 6 | 4 | 2 | 8 | 3 | 7 | 1 | 9 |

**134**

| 3 | 9 | 4 | 2 | 5 | 1 | 8 | 6 | 7 |
|---|---|---|---|---|---|---|---|---|
| 6 | 8 | 1 | 4 | 3 | 7 | 2 | 5 | 9 |
| 5 | 7 | 2 | 9 | 8 | 6 | 1 | 3 | 4 |
| 7 | 3 | 6 | 8 | 4 | 2 | 5 | 9 | 1 |
| 2 | 1 | 5 | 6 | 9 | 3 | 4 | 7 | 8 |
| 9 | 4 | 8 | 1 | 7 | 5 | 6 | 2 | 3 |
| 8 | 6 | 9 | 7 | 2 | 4 | 3 | 1 | 5 |
| 1 | 5 | 7 | 3 | 6 | 8 | 9 | 4 | 2 |
| 4 | 2 | 3 | 5 | 1 | 9 | 7 | 8 | 6 |

135

| 1 | 9 | 3 | 5 | 6 | 7 | 8 | 2 | 4 |
|---|---|---|---|---|---|---|---|---|
| 2 | 5 | 6 | 8 | 1 | 4 | 9 | 7 | 3 |
| 7 | 8 | 4 | 2 | 3 | 9 | 6 | 1 | 5 |
| 6 | 2 | 9 | 3 | 8 | 5 | 1 | 4 | 7 |
| 4 | 1 | 5 | 6 | 7 | 2 | 3 | 8 | 9 |
| 3 | 7 | 8 | 9 | 4 | 1 | 5 | 6 | 2 |
| 5 | 3 | 7 | 1 | 2 | 6 | 4 | 9 | 8 |
| 9 | 4 | 1 | 7 | 5 | 8 | 2 | 3 | 6 |
| 8 | 6 | 2 | 4 | 9 | 3 | 7 | 5 | 1 |

136

| 4 | 3 | 8 | 1 | 2 | 6 | 5 | 7 | 9 |
|---|---|---|---|---|---|---|---|---|
| 2 | 5 | 1 | 7 | 4 | 9 | 8 | 6 | 3 |
| 9 | 6 | 7 | 3 | 5 | 8 | 1 | 4 | 2 |
| 6 | 2 | 9 | 5 | 3 | 7 | 4 | 1 | 8 |
| 8 | 4 | 3 | 6 | 1 | 2 | 9 | 5 | 7 |
| 1 | 7 | 5 | 8 | 9 | 4 | 2 | 3 | 6 |
| 7 | 1 | 6 | 2 | 8 | 5 | 3 | 9 | 4 |
| 3 | 9 | 2 | 4 | 6 | 1 | 7 | 8 | 5 |
| 5 | 8 | 4 | 9 | 7 | 3 | 6 | 2 | 1 |

**137**

| 4 | 1 | 9 | 2 | 5 | 7 | 8 | 3 | 6 |
|---|---|---|---|---|---|---|---|---|
| 3 | 2 | 5 | 1 | 8 | 6 | 9 | 7 | 4 |
| 8 | 6 | 7 | 9 | 4 | 3 | 5 | 1 | 2 |
| 2 | 8 | 4 | 6 | 1 | 5 | 3 | 9 | 7 |
| 7 | 5 | 3 | 4 | 2 | 9 | 1 | 6 | 8 |
| 1 | 9 | 6 | 7 | 3 | 8 | 4 | 2 | 5 |
| 9 | 3 | 8 | 5 | 7 | 2 | 6 | 4 | 1 |
| 5 | 4 | 2 | 3 | 6 | 1 | 7 | 8 | 9 |
| 6 | 7 | 1 | 8 | 9 | 4 | 2 | 5 | 3 |

**138**

| 7 | 5 | 4 | 6 | 3 | 2 | 9 | 8 | 1 |
|---|---|---|---|---|---|---|---|---|
| 1 | 3 | 9 | 5 | 7 | 8 | 6 | 2 | 4 |
| 6 | 8 | 2 | 4 | 1 | 9 | 3 | 7 | 5 |
| 4 | 7 | 5 | 8 | 2 | 6 | 1 | 3 | 9 |
| 8 | 6 | 1 | 3 | 9 | 4 | 2 | 5 | 7 |
| 2 | 9 | 3 | 1 | 5 | 7 | 4 | 6 | 8 |
| 3 | 4 | 7 | 2 | 8 | 1 | 5 | 9 | 6 |
| 9 | 2 | 6 | 7 | 4 | 5 | 8 | 1 | 3 |
| 5 | 1 | 8 | 9 | 6 | 3 | 7 | 4 | 2 |

139

| 7 | 6 | 9 | 4 | 3 | 5 | 2 | 1 | 8 |
|---|---|---|---|---|---|---|---|---|
| 8 | 4 | 1 | 6 | 9 | 2 | 5 | 3 | 7 |
| 3 | 2 | 5 | 8 | 7 | 1 | 4 | 9 | 6 |
| 2 | 9 | 4 | 3 | 5 | 8 | 6 | 7 | 1 |
| 1 | 8 | 3 | 2 | 6 | 7 | 9 | 5 | 4 |
| 6 | 5 | 7 | 9 | 1 | 4 | 8 | 2 | 3 |
| 9 | 1 | 8 | 5 | 4 | 3 | 7 | 6 | 2 |
| 4 | 3 | 6 | 7 | 2 | 9 | 1 | 8 | 5 |
| 5 | 7 | 2 | 1 | 8 | 6 | 3 | 4 | 9 |

140

| 9 | 4 | 6 | 5 | 7 | 2 | 1 | 3 | 8 |
|---|---|---|---|---|---|---|---|---|
| 8 | 7 | 5 | 6 | 1 | 3 | 2 | 4 | 9 |
| 3 | 1 | 2 | 4 | 9 | 8 | 7 | 6 | 5 |
| 4 | 5 | 8 | 1 | 3 | 9 | 6 | 7 | 2 |
| 6 | 9 | 7 | 2 | 8 | 4 | 5 | 1 | 3 |
| 2 | 3 | 1 | 7 | 6 | 5 | 8 | 9 | 4 |
| 5 | 6 | 9 | 8 | 4 | 7 | 3 | 2 | 1 |
| 7 | 2 | 3 | 9 | 5 | 1 | 4 | 8 | 6 |
| 1 | 8 | 4 | 3 | 2 | 6 | 9 | 5 | 7 |

**141**

| 7 | 5 | 9 | 2 | 1 | 8 | 3 | 6 | 4 |
|---|---|---|---|---|---|---|---|---|
| 6 | 2 | 3 | 5 | 9 | 4 | 7 | 1 | 8 |
| 4 | 8 | 1 | 7 | 3 | 6 | 5 | 2 | 9 |
| 8 | 6 | 4 | 9 | 5 | 3 | 2 | 7 | 1 |
| 5 | 1 | 7 | 8 | 4 | 2 | 9 | 3 | 6 |
| 3 | 9 | 2 | 6 | 7 | 1 | 4 | 8 | 5 |
| 1 | 4 | 6 | 3 | 2 | 9 | 8 | 5 | 7 |
| 2 | 7 | 8 | 4 | 6 | 5 | 1 | 9 | 3 |
| 9 | 3 | 5 | 1 | 8 | 7 | 6 | 4 | 2 |

**142**

| 9 | 1 | 6 | 2 | 3 | 4 | 5 | 7 | 8 |
|---|---|---|---|---|---|---|---|---|
| 4 | 5 | 3 | 6 | 8 | 7 | 2 | 1 | 9 |
| 7 | 2 | 8 | 9 | 5 | 1 | 4 | 3 | 6 |
| 1 | 8 | 2 | 4 | 7 | 9 | 6 | 5 | 3 |
| 3 | 4 | 9 | 8 | 6 | 5 | 7 | 2 | 1 |
| 5 | 6 | 7 | 3 | 1 | 2 | 9 | 8 | 4 |
| 2 | 7 | 4 | 1 | 9 | 3 | 8 | 6 | 5 |
| 8 | 3 | 5 | 7 | 4 | 6 | 1 | 9 | 2 |
| 6 | 9 | 1 | 5 | 2 | 8 | 3 | 4 | 7 |

**143**

| 3 | 8 | 1 | 9 | 7 | 6 | 5 | 2 | 4 |
|---|---|---|---|---|---|---|---|---|
| 5 | 9 | 7 | 4 | 8 | 2 | 6 | 3 | 1 |
| 6 | 2 | 4 | 5 | 3 | 1 | 9 | 7 | 8 |
| 7 | 1 | 6 | 8 | 2 | 5 | 3 | 4 | 9 |
| 2 | 4 | 3 | 1 | 6 | 9 | 8 | 5 | 7 |
| 9 | 5 | 8 | 3 | 4 | 7 | 2 | 1 | 6 |
| 4 | 3 | 9 | 2 | 1 | 8 | 7 | 6 | 5 |
| 1 | 6 | 5 | 7 | 9 | 3 | 4 | 8 | 2 |
| 8 | 7 | 2 | 6 | 5 | 4 | 1 | 9 | 3 |

**144**

| 9 | 6 | 5 | 3 | 4 | 7 | 8 | 2 | 1 |
|---|---|---|---|---|---|---|---|---|
| 4 | 1 | 2 | 8 | 9 | 6 | 5 | 3 | 7 |
| 7 | 8 | 3 | 5 | 1 | 2 | 4 | 9 | 6 |
| 1 | 3 | 4 | 9 | 2 | 8 | 6 | 7 | 5 |
| 8 | 9 | 6 | 1 | 7 | 5 | 2 | 4 | 3 |
| 2 | 5 | 7 | 6 | 3 | 4 | 1 | 8 | 9 |
| 3 | 4 | 1 | 2 | 5 | 9 | 7 | 6 | 8 |
| 6 | 2 | 9 | 7 | 8 | 1 | 3 | 5 | 4 |
| 5 | 7 | 8 | 4 | 6 | 3 | 9 | 1 | 2 |

Su Doku

**145**

| 9 | 3 | 1 | 4 | 2 | 5 | 7 | 8 | 6 |
|---|---|---|---|---|---|---|---|---|
| 2 | 6 | 4 | 9 | 7 | 8 | 3 | 5 | 1 |
| 5 | 8 | 7 | 3 | 1 | 6 | 2 | 9 | 4 |
| 8 | 5 | 6 | 2 | 4 | 7 | 1 | 3 | 9 |
| 4 | 2 | 9 | 1 | 8 | 3 | 5 | 6 | 7 |
| 1 | 7 | 3 | 5 | 6 | 9 | 8 | 4 | 2 |
| 7 | 9 | 5 | 6 | 3 | 1 | 4 | 2 | 8 |
| 3 | 4 | 8 | 7 | 9 | 2 | 6 | 1 | 5 |
| 6 | 1 | 2 | 8 | 5 | 4 | 9 | 7 | 3 |

**146**

| 1 | 4 | 2 | 3 | 5 | 8 | 7 | 6 | 9 |
|---|---|---|---|---|---|---|---|---|
| 7 | 5 | 6 | 4 | 9 | 2 | 3 | 1 | 8 |
| 3 | 8 | 9 | 1 | 7 | 6 | 4 | 5 | 2 |
| 6 | 1 | 4 | 8 | 2 | 9 | 5 | 7 | 3 |
| 8 | 7 | 3 | 6 | 4 | 5 | 2 | 9 | 1 |
| 2 | 9 | 5 | 7 | 3 | 1 | 8 | 4 | 6 |
| 4 | 6 | 7 | 9 | 8 | 3 | 1 | 2 | 5 |
| 5 | 3 | 1 | 2 | 6 | 4 | 9 | 8 | 7 |
| 9 | 2 | 8 | 5 | 1 | 7 | 6 | 3 | 4 |

**147**

| 1 | 7 | 4 | 3 | 2 | 8 | 6 | 9 | 5 |
| 9 | 6 | 8 | 5 | 7 | 4 | 2 | 3 | 1 |
| 2 | 5 | 3 | 6 | 9 | 1 | 4 | 7 | 8 |
| 6 | 4 | 9 | 2 | 1 | 5 | 3 | 8 | 7 |
| 7 | 8 | 1 | 9 | 3 | 6 | 5 | 4 | 2 |
| 5 | 3 | 2 | 4 | 8 | 7 | 1 | 6 | 9 |
| 8 | 1 | 6 | 7 | 4 | 2 | 9 | 5 | 3 |
| 3 | 2 | 5 | 8 | 6 | 9 | 7 | 1 | 4 |
| 4 | 9 | 7 | 1 | 5 | 3 | 8 | 2 | 6 |

**148**

| 9 | 7 | 6 | 1 | 4 | 5 | 3 | 8 | 2 |
| 3 | 8 | 4 | 2 | 7 | 6 | 1 | 9 | 5 |
| 2 | 5 | 1 | 8 | 3 | 9 | 6 | 4 | 7 |
| 4 | 9 | 2 | 5 | 1 | 3 | 7 | 6 | 8 |
| 1 | 3 | 8 | 7 | 6 | 4 | 2 | 5 | 9 |
| 5 | 6 | 7 | 9 | 2 | 8 | 4 | 3 | 1 |
| 8 | 1 | 3 | 6 | 9 | 2 | 5 | 7 | 4 |
| 7 | 4 | 9 | 3 | 5 | 1 | 8 | 2 | 6 |
| 6 | 2 | 5 | 4 | 8 | 7 | 9 | 1 | 3 |

Su Doku

**149**

| 9 | 8 | 5 | 6 | 7 | 3 | 1 | 4 | 2 |
| 4 | 3 | 1 | 8 | 5 | 2 | 9 | 7 | 6 |
| 6 | 2 | 7 | 9 | 1 | 4 | 5 | 3 | 8 |
| 3 | 5 | 4 | 1 | 6 | 9 | 2 | 8 | 7 |
| 2 | 1 | 9 | 7 | 4 | 8 | 6 | 5 | 3 |
| 8 | 7 | 6 | 3 | 2 | 5 | 4 | 1 | 9 |
| 5 | 4 | 8 | 2 | 3 | 6 | 7 | 9 | 1 |
| 7 | 6 | 3 | 5 | 9 | 1 | 8 | 2 | 4 |
| 1 | 9 | 2 | 4 | 8 | 7 | 3 | 6 | 5 |

**150**

| 6 | 3 | 5 | 9 | 2 | 4 | 8 | 7 | 1 |
| 2 | 1 | 7 | 6 | 5 | 8 | 9 | 4 | 3 |
| 4 | 9 | 8 | 7 | 1 | 3 | 6 | 5 | 2 |
| 1 | 2 | 3 | 4 | 6 | 7 | 5 | 9 | 8 |
| 9 | 5 | 6 | 1 | 8 | 2 | 7 | 3 | 4 |
| 7 | 8 | 4 | 5 | 3 | 9 | 2 | 1 | 6 |
| 8 | 6 | 1 | 3 | 7 | 5 | 4 | 2 | 9 |
| 3 | 7 | 9 | 2 | 4 | 6 | 1 | 8 | 5 |
| 5 | 4 | 2 | 8 | 9 | 1 | 3 | 6 | 7 |